CAMBRIDGE LIBRARY COLLECTION

Books of enduring scholarly value

Linguistics

From the earliest surviving glossaries and translations to nineteenth-century academic philology and the growth of linguistics during the twentieth century, language has been the subject both of scholarly investigation and of practical handbooks produced for the upwardly mobile, as well as for travellers, traders, soldiers, missionaries and explorers. This collection will reissue a wide range of texts pertaining to language, including the work of Latin grammarians, groundbreaking early publications in Indo-European studies, accounts of indigenous languages, many of them now extinct, and texts by pioneering figures such as Jacob Grimm, Wilhelm von Humboldt and Ferdinand de Saussure.

Einleitung in das Sprachstudium

In 1876 the Leipzig publisher Breitkopf und Härtel launched a series on Indo-European languages entitled 'Bibliothek Indogermanischer Grammatiken'. The first three volumes covered phonology, Greek and Sanskrit. This short introduction to the comparative method, published in 1880, was the fourth. It was highly successful, with six editions appearing between 1880 and 1919. Its author, Berthold Delbrück (1842–1922), Professor of Sanskrit at Jena, was a former student of the pioneering Indo-Europeanist Franz Bopp. Delbrück expanded the horizons of the field to cover syntax as well as phonology and morphology; his magisterial studies of Sanskrit and Indo-European syntax (also reissued in the Cambridge Library Collection) appeared between 1886 and 1900. This book, designed as a guide for readers of the Breitkopf series, includes a fascinating history of Indo-European philology from its founding fathers Jones and Bopp through Humboldt, Schleicher and Curtius to Delbrück's own time, and outlines the most recent developments.

Cambridge University Press has long been a pioneer in the reissuing of out-of-print titles from its own backlist, producing digital reprints of books that are still sought after by scholars and students but could not be reprinted economically using traditional technology. The Cambridge Library Collection extends this activity to a wider range of books which are still of importance to researchers and professionals, either for the source material they contain, or as landmarks in the history of their academic discipline.

Drawing from the world-renowned collections in the Cambridge University Library and other partner libraries, and guided by the advice of experts in each subject area, Cambridge University Press is using state-of-the-art scanning machines in its own Printing House to capture the content of each book selected for inclusion. The files are processed to give a consistently clear, crisp image, and the books finished to the high quality standard for which the Press is recognised around the world. The latest print-on-demand technology ensures that the books will remain available indefinitely, and that orders for single or multiple copies can quickly be supplied.

The Cambridge Library Collection brings back to life books of enduring scholarly value (including out-of-copyright works originally issued by other publishers) across a wide range of disciplines in the humanities and social sciences and in science and technology.

Einleitung in das Sprachstudium

Ein Beitrag zur Geschichte und Methodik
der vergleichenden Sprachforschung

BERTHOLD DELBRÜCK

CAMBRIDGE UNIVERSITY PRESS

Cambridge, New York, Melbourne, Madrid, Cape Town,
Singapore, São Paolo, Delhi, Mexico City

Published in the United States of America by Cambridge University Press, New York

www.cambridge.org
Information on this title: www.cambridge.org/9781108047098

© in this compilation Cambridge University Press 2012

This edition first published 1880
This digitally printed version 2012

ISBN 978-1-108-04709-8 Paperback

BIBLIOTHEK

INDOGERMANISCHER GRAMMATIKEN

BEARBEITET VON

**F. BÜCHELER, B. DELBRÜCK, H. HÜBSCHMANN, A. LESKIEN,
G. MEYER, E. SIEVERS, H. WEBER, W. D. WHITNEY, E. WINDISCH.**

BAND IV.

EINLEITUNG IN DAS SPRACHSTUDIUM. EIN BEITRAG ZUR GESCHICHTE UND
METHODIK DER VERGLEICHENDEN SPRACHFORSCHUNG
VON B. DELBRÜCK.

LEIPZIG,

DRUCK UND VERLAG VON BREITKOPF UND HÄRTEL.

1880.

EINLEITUNG

IN DAS

SPRACHSTUDIUM

EIN BEITRAG

ZUR GESCHICHTE UND METHODIK DER VERGLEICHENDEN
SPRACHFORSCHUNG

VON

B. DELBRÜCK.

LEIPZIG,

DRUCK UND VERLAG VON BREITKOPF UND HÄRTEL.

1880.

Vorrede.

Der Charakter der vorliegenden Schrift wird wesentlich durch den Umstand bestimmt, dass dieselbe, nach der Absicht des Verfassers, dazu dienen soll, das Studium der im Verlage von Breitkopf & Härtel erscheinenden Grammatiken, und damit zugleich das Verständniss der vergleichenden Sprachforschung in ihrer neuesten Gestalt zu erleichtern.

Das Gebiet dieser »Einleitung« erstreckt sich nicht weiter als das Gebiet jener Grammatiken. Wo immer auf den folgenden Bogen von Sprache, Sprachentwickelung, lautlichen Gesetzen u. s. w. die Rede ist, soll immer nur indogermanische Sprache, indogermanische Sprachentwickelung u. s. w. verstanden werden. Auf ausserhalb der indogermanischen Grenzen liegende Fragen, wie z. B. diejenigen, welche die allgemeine Sprachwissenschaft stellt, einzugehen, habe ich um so weniger Veranlassung genommen, als in der That der Einfluss der philosophischen Sprachforschung auf die von Bopp begründete Wissenschaft stets gering gewesen ist, und noch heute sehr gering ist. Auch in der Beschränkung auf die Laut- und Flexionslehre bin ich den Grammatiken gefolgt, bekenne aber, dass ich diese Entsagung vielleicht nicht geübt haben würde, wenn ich nicht so eben in dem vierten Bande meiner syntaktischen Forschungen (Die Grundlagen der griechischen Syntax, Halle 1879) gezeigt hätte, in welcher Weise nach meiner Ansicht die vergleichende Syntax der indogermanischen Sprachen zu behandeln ist.

Die hiermit dem Publikum vorgelegte Schrift zerfällt in einen erzählenden und einen erörternden Theil. In dem ersteren wird die Entwickelung der Sprachwissenschaft von

Bopp bis heute in grossen Zügen geschildert, und zwar mit
der Absicht, klar zu machen, wie sich die Probleme, welche
uns heute besonders beschäftigen, aus dem Vorhergehenden
natürlich entwickelt haben, in dem zweiten werden die hauptsächlichsten dieser Probleme besprochen. In dem fünften
Kapitel (die Agglutinationstheorie) habe ich mich skeptischer
und zurückhaltender ausgesprochen, als früher von mir geschehen ist. Ich habe aber geglaubt, meine jetzigen Ansichten
nicht unterdrücken zu sollen, weil sie langsam in mir gereift
sind, und ich nicht glaube, dass ich diese Dinge jemals wieder
zuversichtlicher ansehen werde. In dem letzten Kapitel (die
Lautgesetze) hoffe ich gezeigt zu haben, dass die Einigkeit
unter den Vertretern verschiedener Richtungen grösser ist, als
der ferner stehende Beobachter glauben sollte, und auch
grösser, als vielleicht manchem der Betheiligten zum Bewusstsein gekommen ist. Alle diese Erörterungen, ebenso wie der
historische Theil (Kapitel I—IV) und das siebente Kapitel (über
die Völkertrennungen) sind nicht für den engen Kreis meiner
Fachgenossen, sondern wesentlich für diejenigen geschrieben,
welche aus der vergleichenden Sprachforschung kein Special-
studium machen. Aus diesem Grunde ist auch die überreiche
sprachwissenschaftliche Literatur zwar so gut es mir gelingen
wollte benutzt, aber nur zu einem geringen Theile citiert
worden.

Endlich gestatte man mir noch ein Wort über meine Beurtheilung der jetzt lebenden Gelehrten. In der Charakteristik
verstorbener Grössen wie Bopp und Schleicher habe ich
mir keine Zurückhaltung auferlegt, Lebenden gegenüber ebenso zu verfahren, erschien mir unschicklich. Ich habe desshalb
nirgend versucht, ein Gesammtbild der Eigenthümlichkeit und
Thätigkeit eines lebenden Sprachforschers zu entwerfen, während ich mich nicht gescheut habe, zu den einzelnen Ansichten
der Zeitgenossen Stellung zu nehmen. Dies bitte ich diejenigen Leser bedenken zu wollen, welche etwa meinen
sollten, dass einem oder dem anderen der jetzt lebenden
hervorragenden Forscher von mir nicht Genüge geschehen sei.

Jena, 20. August 1880.

B. Delbrück.

Inhalts-Übersicht.

Erstes Kapitel.

~~~~~~

Franz Bopp.

Als der Begründer der vergleichenden Sprachforschung Franz Bopp (geb. 1791) sich mit dem Sanskrit zu beschäftigen anfing, war die Behauptung, dass die Sprache der Brahmanen mit den Sprachen Europas, namentlich dem Griechischen und Lateinischen nahe verwandt sei, schon wiederholt ausgesprochen und durch eine Reihe von Belegen erhärtet worden. Namentlich hatte William Jones, der erste Präsident einer in Calcutta zur Erforschung Asiens gestifteten Gesellschaft, sich über diesen Punkt schon 1786 folgendermassen geäussert: »Die Sanskritsprache ist von bewunderungswürdiger Bildung, vollkommener als das Griechische, reicher als das Lateinische, feiner ausgebildet als beide. Sie steht zu beiden, sowohl was die Wurzeln der Verba als was die grammatischen Formen betrifft, in einer Verwandtschaft, die so nahe ist, dass sie nicht durch den Zufall erzeugt sein kann, und so entschieden, dass jeder Philologe, der die drei untersucht, zu dem Glauben kommen muss, dass sie aus derselben Quelle entsprungen seien, die vielleicht nicht mehr vorhanden ist. Ähnliche Gründe, wenn auch nicht so zwingender Art, sprechen für die Annahme, dass das Gothische und Keltische, ob auch mit fremden Sprachen gemischt, denselben Ursprung gehabt haben, wie das Sanskrit« (vgl. Benfey, Geschichte der Sprachwissenschaft, Seite 348). Im Wesentlichen übereinstimmend, aber in einem Punkte weniger correct lauten die Sätze, mit denen Friedrich Schlegel sein berühmtes Buch über die Sprache und Weisheit der Indier

(Heidelberg 1808) eröffnet:»Das alte indische Sanskrito,
d. h. die gebildete oder vollkommne, auch Gronthon
d. h. die Schrift- oder Büchersprache, hat die grösste Verwandtschaft mit der römischen und griechischen so wie mit
der germanischen und persischen Sprache. Die Ähnlichkeit
liegt nicht bloss in einer grossen Anzahl von Wurzeln, die sie
mit ihnen gemein hat, sondern sie erstreckt sich bis auf die
innerste Struktur und Grammatik. Die Übereinstimmung ist
also keine zufällige, die sich aus Einmischung erklären liesse,
sondern eine wesentliche, die auf gemeinschaftliche Abstammung deutet. Bei der Vergleichung ergiebt sich ferner, dass
die indische Sprache die ältere sei, die andern aber jünger
und aus jener abgeleitet.« Man kann also nicht sagen,
dass Bopp der Entdecker der indogermanischen[1]) Sprachgemeinschaft sei, wohl aber gebührt ihm das Verdienst, dasjenige, was Jones, Schlegel u. a. geahnt und behauptet
hatten, durch eine systematische, von den Formen des Verbums anhebende und von da allmählich über die ganze Sprache
sich ausdehnende Vergleichung für alle Zeiten erwiesen zu
haben.

Zweifelsohne wird die Zukunft in diesem Nachweis die
epochemachende Leistung des Bopp'schen Genius erblicken,
aber ebenso zweifellos ist, dass Bopp selber von Anfang an
nicht auf die Vergleichung, sondern auf die Erklärung der
Formen ausging, und dass ihm die Vergleichung nur ein Mittel
zur Erreichung dieses Hauptzwecks gewesen ist. Er begnügte
sich also (um es an einem Beispiel deutlich zu machen) nicht
mit der für die Lautlehre aller einzelnen Sprachen so folgen-
reichen Erkenntniss, dass *ásmi* εἰμί *sum im jesmĭ* im Grunde
sämmtlich eine und dieselbe Form sind, sondern es lag ihm in
erster Linie daran zu ermitteln, aus welchen Elementen diese
Form entstanden sei. Nicht die Vergleichung fertiger Sprachformen, ₁sondern die Einsicht in die Entstehung der Flexion
war das wesentliche Ziel seiner Arbeit.

Dass es sich in der That so verhält, ist von älteren wie
neueren Beurtheilern Bopp's hinreichend hervorgehoben worden. Es genüge an dieser Stelle auf das bekannte Urtheil von
Bopp's Lehrer Windischmann zu verweisen, wonach

---

[1]) Ich brauche die (von Klaproth aufgebrachte?) Bezeichnung
»indogermanisch«, weil sie, so viel ich übersehen kann, in Deutschland
die geläufigste ist.

Bopp's Absicht von Anfang an darauf gerichtet gewesen sei, »auf dem Wege der Sprachforschung in das Geheimniss des menschlichen Geistes einzudringen, und demselben etwas von seiner Natur und von seinem Gesetz abzugewinnen«, und sodann eine Äusserung von Th. Benfey zu citiren, welche so lautet: »Ich würde demnach als die eigentliche Aufgabe dieses grossartigen Werkes [der vergleichenden Grammatik] die Erkenntniss des Ursprungs der grammatischen Formen der indogermanischen Sprachen betrachten; die Vergleichung derselben eigentlich nur als Mittel zur Erreichung dieses Zweckes — als Nachweisung ihrer Grundformen —; die Erforschung der Lautgesetze endlich als Hauptmittel der Vergleichung, als die einzig sichere Grundlage für den Erweis des Verwandten, speciell der Grundformen« (Gesch. d. Sprachw. 476).

Unter diesen Umständen halte ich es für das Richtige, zuerst über Bopp's Ansicht von der Entstehung der Flexion und erst dann über seine Methode der Vergleichung zu berichten.

I. Bopp's Ansichten über die Entstehung der Flexion.

Die Bopp'schen Theorien über die Genesis der Sprachformen sind nicht etwa (wie man annehmen könnte) das reine Ergebniss seiner grammatischen Analyse, sondern sie gehen zu einem sehr wesentlichen Theile auf ältere Anschauungen und Vorurtheile zurück. Unter diesen spielt die Theorie Friedrich Schlegel's, welche in der schon angeführten Schrift über die Sprache und Weisheit der Indier vorgetragen wird, eine wesentliche Rolle. Ich halte es also für nothwendig, den Leser zunächst über diese zu orientiren.

Nach Friedrich Schlegel giebt es zwei Hauptgattungen von Sprachen, nämlich erstens solche, welche die Nebenbestimmungen der Bedeutung durch innere Veränderung des Wurzellautes anzeigen, und zweitens solche, welche zu diesem Zwecke eigene Wörter hinzufügen, die schon an und für sich Mehrheit, Vergangenheit, ein zukünftiges Sollen oder andere Verhältnissbegriffe der Art bedeuten. Die erste Hauptgattung umfasst die Flexionssprachen. Schlegel versteht also unter Flexion die innere Veränderung des Wurzellautes. Er bekämpft auf das Entschiedenste die Ansicht, als ob die Flexionsformen durch Anfügung vorher selbständiger Wörter

1*

gebildet seien [1]). »Im Griechischen kann man noch wenigstens
einen Anschein von Möglichkeit finden, als wären die Bie-
gungssilben aus in das Wort verschmolzenen Partikeln und
Hülfsworten ursprünglich entstanden, obwohl man diese Hypothese nicht würde durchführen können, ohne fast alle jene
etymologischen Künste und Gaukeleien zu Hülfe zu nehmen,
denen man zuvörderst allen ohne Ausnahme den Abschied
geben sollte, wenn man die Sprache und ihre Entstehung
wissenschaftlich, d. h. durchaus historisch betrachten will;
und kaum möchte sich's auch dann noch durchführen lassen.
Beim Indischen aber verschwindet vollends der letzte Schein
einer solchen Möglichkeit, und man muss zugeben, dass die
Struktur der Sprache durchaus organisch gebildet, durch
Flexionen oder innere Veränderungen und Umbiegungen des
Wurzellauts in allen seinen Bedeutungen ramificirt, nicht bloss
mechanisch durch angehängte Worte und Partikeln zusammengesetzt sei, wo denn die Wurzel selbst eigentlich unver-
ändert und unfruchtbar bleibt« (41). In dieser organischen
Beschaffenheit sieht er den wesentlichen Vorzug der Flexionssprachen: »Daher der Reichthum einestheils und dann die Be-
standheit und Dauerhaftigkeit dieser Sprachen, von denen man
wohl sagen kann, dass sie organisch entstanden seien, und ein
organisches Gewebe bilden; so dass man nach Jahrtausenden
in Sprachen, die durch weite Länder getrennt sind, oft noch
mit leichter Mühe den Faden wahrnimmt, der sich durch den
weitentfalteten Reichthum eines ganzen Wortgeschlechtes hin-
zieht und uns bis zum einfachen Ursprunge der ersten Wurzel
zurückführt. In Sprachen hingegen, die statt der Flexion nur
Affixe haben, sind die Wurzeln nicht eigentlich das; kein
fruchtbarer Same, sondern nur wie ein Haufen Atome, die
jeder Wind des Zufalls leicht aus einander treiben oder zu-
sammenführen kann; der Zusammenhang eigentlich kein
anderer, als ein bloss mechanischer durch äussere Anfügung.
Es fehlt diesen Sprachen im ersten Ursprunge an einem Keim
lebendiger Entfaltung« u. s. w. (S. 51).

Fragen wir, wie bei dem geistreichen Manne diese Erklärung der Flexion als einer inneren Veränderung der Wurzel,
die uns so sehr der Anschaulichkeit und Deutlichkeit zu ent-

---

[1]) Vermuthlich hat er bei dieser Bekämpfung die Schule von Lennep
und Scheid (s. unten), schwerlich Horne Tooke (über welchen Max
Müller, Vorlesungen (deutsche Übers.) I, 210 zu vergleichen ist) vor
Augen.

behren scheint, entstanden sei, so ist das wenigstens sofort
klar, dass sie nicht aus der Beobachtung unmittelbar ent-
nommen ist (denn wo liesse sich ein solches organisches
Wachsthum beobachten?), es lässt sich vielmehr mit Wahrscheinlichkeit darthun, dass sie zunächst nichts ist, als der
logisch geforderte Gegensatz gegen diejenige Theorie, welche
Schlegel abweisen zu müssen glaubte. Offenbar hatte
Schlegel Angesichts der Thorheiten der Lennep, Scheid
und Genossen, welche die Sprache in der geistlosesten Weise
zerschnitten und auf erträumte Urwurzeln zurückzwangen, in
sich die Überzeugung ausgebildet, dass man auf dem Wege
der Zerlegung dem Geheimniss der Entstehung der Sprachformen überhaupt nicht nahe kommen könne, und postulirte
also im Gegensatz gegen die Theorie, welche sich die Sprache
durch Zusammensetzung entstanden dachte, vielmehr die Entwickelung derselben durch organisches Wachsthum ohne sich
dabei von der Art und den Gründen dieses Wachsthums eine
deutliche Vorstellung machen zu können. In dieser Anschauungsweise mochte ihn noch eine andere Wahrnehmung
bestärken. Ihm war das Verhältniss, welches zwischen der
lateinischen und den romanischen Sprachen besteht (das sein
Bruder später durch die Ausdrücke synthetisch und analytisch
zu fassen suchte) um so merkwürdiger als er in dem Sanskrit
einen gleichsam noch lateinischeren Zustand vorfand, als in
dem Lateinischen selber (S. 40). Wenn (so mochte er schliessen)
eine Sprache um so weniger Zusammensetzung zeigt, je alter-
thümlicher sie ist, wie soll man annehmen dürfen, dass die
Sprachformen in der ältesten Zeit lediglich durch Zusammensetzung entstanden seien?

Dass Schlegel nun ein solches Wachsthum von innen
heraus als »organisch« bezeichnete, und zugleich das organische
Wachsen im Gegensatz zu der Zusammensetzung als den
höheren und edleren Process auffasste geschah völlig im
Geiste des Philosophen der romantischen Schule, dessen Ge-
dankengang und Ausdrucksweise ihm vertraut war.

Dieser hiermit in der Kürze dargestellten Schlegel-
schen Theorie, welche er später sehr entschieden bekämpft hat,
schloss sich Bopp in seiner ersten Schrift (Conjugationssystem
der Sanskritsprache, 1816), ohne übrigens Schlegel's Namen
zu nennen, völlig an. Nur, dass er sie sofort nach einer Richtung hin erweiterte, indem er zu dem Merkmal der inneren
Umbiegung der Wurzel noch die Fähigkeit, sich das verbum

substantivum einzuverleiben, hinzufügt[1]). »Unter allen uns
bekannten Sprachen — heisst es S. 7 — zeigt sich die ge-
heiligte Sprache der Indier als eine der fähigsten, die verschiedensten Verhältnisse und Beziehungen auf wahrhaft
organische Weise durch innere Umbiegung und Gestaltung der Stammsylbe auszudrücken. Aber unge-
achtet dieser bewunderungswürdigen Biegsamkeit gefällt es
ihr zuweilen, der Wurzel das verbum abstractum einzuverleiben, wobei sich sodann die Stammsylbe und das einverleibte
verbum abstractum in die grammatischen Funktionen des Zeit-
wortes theilen.« Diese Theilung der Aufgaben lässt sich z. B.
am Aorist auf folgende Weise beobachten. In Skr. *açrausham*
(ich hörte) bezeichnet *a* die Vergangenheit, in der Steigerung
des *u* der Wurzel *çru* zu *au* wird die besondere Modification
der Vergangenheit angedeutet, welche dem Aorist eigenthümlich ist, und dem so gebildeten Praeteritum wird das verbum
substantivum einverleibt, »so dass, nachdem die Zeitverhält-
nisse auf reine organische Weise durch innere Umbiegung der
Wurzel ausgedrückt wurden, Person und Zahl durch die Abwandlung des angehängten Hülfszeitwortes bestimmt werden«
(S. 18). Die Einverleibung des verbum substantivum findet
Bopp im Futurum und Aorist des Sanskrit und Griechischen,
im Precativ des Sanskrit, in den bekannten Perfect- und Im-
perfectbildungen des Lateinischen, und (was er später auf-
gegeben hat) in den Passivendungen derselben Sprache. Eine
andere Zusammensetzung als die mit *as* erkennt Bopp in
dem Conjugationssystem nicht an. Zwar redet er von Anhängung der »Personskennzeichen« M, S, T, aber er erkennt
in diesen Kennzeichen nicht etwa Reste früher selbständiger
Worte, bemerkt vielmehr bei anderer Gelegenheit ausdrücklich: »es widerspricht dem Geiste der indischen Sprache,
irgend ein Verhältniss durch Anhängung mehrerer Buchstaben
auszudrücken, die als ein eigenes Wort angesehen werden
können« (S. 30). Den Ursprung dieser Personskennzeichen
lässt er in dem Conjugationssystem ebenso im Dunkel, wie
den Ursprung des »eingeschobenen« Vocals *i*, welcher den
Potentialis kennzeichnet.

Es würde interessant sein, wenn sich ermitteln liesse,

---

[1] Nur diese Erklärungsweise kann also Bopp im Auge haben, wenn
er Conjug. S. 12 sagt, dass er sich in seinen Bemühungen nirgend auf
fremde Autorität stützen könne.

durch welche Überlegungen Bopp zu seiner Modification der Schlegel'schen Definition des Begriffes Flexion gelangt ist. Glücklicherweise bieten die Bopp'schen Schriften dazu hinreichenden Stoff. Um aber die betreffenden Stellen verständlich zu machen, schicke ich ein Wort voraus über die um den Anfang unseres Jahrhunderts übliche Anordnung der Redetheile. Man stand damals noch allgemein unter dem Drucke der Anschauung, dass der Satz ein Abbild des logischen Urtheils sei, und war folglich der Ansicht, dass, wie es drei Theile des Urtheils gäbe, nämlich Subject, Prädicat und Copula, so auch die Zahl der Redetheile nicht grösser und nicht geringer sein könne als drei. Es war natürlich nicht leicht, die überlieferten Redetheile unter drei Abtheilungen zu bringen, und diese Unterordnung gelang nicht ohne Sophistik. So hat z. B. A. F. Bernhardi den Kampf zwischen seiner philosophischen Ansicht und seiner aus der Erfahrung gezogenen Kenntniss nicht besser zu schlichten gewusst, als durch Aufstellung folgender Tabelle:

I. Redetheile:
    a. von den Substantivis.
    b. von den Attributivis.
        aa. von den Adjectivis.
        bb. von den Participiis.
        cc. von den Adverbiis.
    c. von dem Verbo Sein.

II. Redetheilchen:
    a. von den Präpositionen.
    b. von der Conjunction.
    c. von den ursprünglichen Adverbiis.

III. Redetheile und Redetheilchen.
    Von den Pronominibus.

Ebenso wie Bernhardi ist Gottfried Hermann überzeugt, dass es nur drei Arten der Redetheile geben könne, und Bopp finden wir in derselben Meinung befangen, wie am deutlichsten aus einer Äusserung in der englischen Umarbeitung seiner Erstlingsschrift Analytical comparison u. s. w. hervorgeht (die ich in der deutschen Übersetzung bei Seebode, Neues Archiv für Philologie und Pädagogik, 2. Jahrgang citire), wo es Heft 3, S. 63 heisst: »Potest vereinigt in sich die drei wesentlichen Redetheile, indem t das Subject ist, es die Copula und pot das Merkmal«. Dabei ist besonders zu beachten, dass als der dritte Redetheil nicht etwa das Verbum, sondern lediglich das Verbum Sein betrachtet wird. Est enim — sagt G o t t f r i e d H e r m a n n, de emendenda ratione graecae grammaticae (Lipsiae 1801) S. 173 — haec verbi vis, ut praedicatum subjecto tribuat atque adjungat. Hinc facile colligitur proprie unum tantummodo esse verbum idque est verbum esse. Caetera enim quaecunque praeter hoc verbum verba reperiuntur, hanc naturam habent, ut praeterquam quod illud esse contineant quo fit ut verba sint, adjunctam habeant etiam praedicati alicujus notationem. Sic 'ire', 'stare' ut aliqua certe exempla afferamus significat 'euntem, stantem esse'. Diese Meinung theilte auch B o p p, wie zur Genüge aus den ersten Worten seines Conjugationssystems erhellt, welche so lauten : »Unter Zeitwort oder Verbum im engsten Sinne ist derjenige Redetheil zu verstehen, welcher die Verbindung eines Gegenstandes mit einer Eigenschaft, und deren Verhältnisse zu einander ausdrückt. Das Verbum, nach dieser Bestimmung, hat für sich gar keine reelle Bedeutung, sondern ist bloss das grammatische Band zwischen Subject und Prädicat, durch dessen innere Veränderung und Gestaltung jene wechselseitigen Verhältnisse angedeutet werden. Es giebt unter diesem Begriffe nur ein einziges Verbum, nämlich das Verbum abstractum, Sein, esse« u. s. w. Da demnach nach B o p p's Ansicht keine Aussage anders zu Stande kommen kann, als durch Mitwirkung des Verbums esse, und da also dasselbe begrifflich genommen jedem von uns so genannten Verbum inhärirt, so müsste B o p p es consequenter Weise natürlich finden, wenn das Verbum *as* auch körperlich und sichtbarlich in jeder Verbalform vertreten wäre. B o p p hat diese Consequenz auch wirklich gezogen in einem höchst merkwürdigen Satze des S. 7 citirten Aufsatzes : »Nach diesen Bemerkungen wird der Leser sich nicht wundern, wenn er in den Sprachen, welche wir jetzt vergleichen, auf andere Verba stösst, welche auf dieselbe Weise wie potest gebildet sind, oder wenn er entdeckt, dass einige Tempora das verbum substantivum enthalten, w ä h r e n d a n d e r e e s a b g e w o r f e n o d e r v i e l l e i c h t n i e g e h a b t h a b e n. Er wird vielmehr sich geneigt fühlen zu fragen, warum findet sich nicht in allen Temporibus aller Verba dieser zusammengesetzte Bau? und er wird vielleicht das Fehlen des verbum substantivum als eine Art von Ellipse ansehen« (a. a. O. S. 63). Wer diesen sonder-

baren Satz, in welchen mit feiner Wendung dem Leser die
Lösung einer Schwierigkeit zugeschoben wird, die dieser füg-
lich von dem Schriftsteller erwarten sollte, recht erwägt, wird
gewiss meinem Urtheil beistimmen, wenn ich behaupte, dass
Bopp hauptsächlich durch seine unrichtige Ansicht von den
drei Redetheilen darauf geführt worden ist, in den gelegentlich auftretenden S indogermanischer Formen das verbum
substantivum zu suchen.

Demnach können wir Bopp's älteste Ansicht über die
Flexion, wie sie in dem Conjugationssystem hervortritt, bezeichnen als die Verbindung eines Schlegel'schen Aperçu's
mit der überlieferten Theorie von den drei Redetheilen.

Einen sehr wesentlichen Fortschritt über diese in dem
Conjugationssystem (1816) vorgetragene Fassung finden wir
in der schon erwähnten englischen Bearbeitung dieser Schrift
(1819), die ich als Analytische Vergleichung citiren will. Der
Fortschritt lässt sich kurz dahin zusammenfassen, dass das
Princip der Zusammensetzung, welches bisher nur bei der
Wurzel *as* zur Geltung kam, überhaupt als das vorwaltende
anerkannt wird. Wie Bopp zu dieser Umgestaltung seiner
Meinung kam, lässt sich namentlich an seiner Erörterung des
Begriffs Wurzel und seiner Hypothese über die Herkunft der
Personalendungen des Verbums verfolgen.

Was zunächst den Begriff der Wurzel betrifft, so
konnte Bopp den hier ausgesprochenen und später immer
festgehaltenen Gedanken, dass alle Wörter auf einsilbige
Elemente zurückgehen, der zu seiner Zeit geltenden grammatischen Tradition entnehmen. Denn schon Adelung hatte
gelehrt dass die sämmtlichen Wörter des Deutschen aus einsilbigen Urbestandtheilen, welche den Namen Wurzel
führen, entstanden seien (vgl. Adelung, Über den Ursprung
der Sprache und den Bau der Wörter, besonders des Deutschen,
Leipzig 1781, pag. 16 ff.)[1]. Diese Anschauung fand Bopp

---

[1] Es ist nicht ohne Interesse, zu sehen, was ein Vorgänger von Adelung, Fulda (Sammlung und Abstammung germanischer Wurzelwörter,
Halle 1776) über die Gewinnung der Wurzeln lehrt: »Man nemme einem
einzeln Wort seine grammatischen Verrichtungen, prae- und suffixa ver-
balia, nominalia, generis, numeri, casus, personae, temporis. Man werffe,
wo vornen oder hinden zwen Consonanten beisammen stehen, den vor-
dersten und hindersten weg: die Wurzel wird, ohne etwas von ihrem
Hauptverstand zu verlieren, eine einzele Sylbe werden« (a. a. O. pag. 59).

auch bei der Prüfung der indischen Wurzelverzeichnisse bestätigt, welche ihm in der Ausgabe von Carey und Wilkins
bekannt wurden (vgl. A. W. v. Schlegel, Indische Bibliothek I, 316 und 335). Er formulirte seine Ansicht darüber in
der Analytischen Vergl. so: »Der Charakter der sanskritischen
Wurzeln ist nicht zu bestimmen nach der Zahl der Buchstaben,
sondern nach der Zahl der Silben, deren sie nur eine enthalten, sie sind alle einsilbig, einige wenige ausgenommen,
von denen mit Recht vermuthet· werden darf, dass sie nicht
primitiv seien« (vgl. auch A. W. v. Schlegel a. a. O. 336).
Was aber von den sanskritischen Wurzeln galt, nahm Bopp
auch für die Wurzeln der verwandten Sprachen an, so dass
er den Satz aussprach: »dass die Wurzeln im Sanskrit und
den damit verwandten Sprachen einsilbig sind«.

Neben dieser Auffassung der Wurzel musste nun freilich
der Schlegel'sche Begriff der Flexion sehr bedenklich erscheinen. Denn was lässt sich an einer einsilbigen Wurzel
(zumal wenn, wie der Augenschein lehrt, die Consonanten un-
angetastet bleiben) viel innerlich umbiegen und gestalten?
Die Vorstellung von der Einsilbigkeit der Wurzel musste nothwendig den Gedanken der Zusammensetzung in der Flexion
stärken, und es ist daher nicht zu verwundern, dass Bopp's
Polemik gegen Schlegel gerade von diesem Punkte aus begann. Wir finden die Polemik namentlich in folgendem Satze
ausgesprochen: »Wenn wir — sagt Bopp a. a. O. 59 — irgend
einen Schluss ziehen können aus der Thatsache, dass die Wurzeln einsilbig sind im Sanskrit und den damit verwandten
Sprachen, so ist es der, dass diese Sprachen nicht mit besonderer Leichtigkeit grammatische Modificationen durch Veränderung ihres ursprünglichen Stoffes, ohne Hülfe fremder
Zusätze ausdrücken können. Wir müssen erwarten, dass in
dieser Familie von Sprachen das Princip der Zusammensetzung
auf die ersten Grundlagen der Sprache sich erstrecken werde,
als die Personen, Tempora des Verbi und Casus der Nomina
u. s. w. Dass dieses wirklich der Fall sei, hoffe ich in dieser
Abhandlung beweisen zu können, gegen die Meinung eines
berühmten deutschen Schriftstellers, welcher glaubt, dass die
grammatischen Formen des Sanskrit und der damit verwandten
Sprachen bloss in Abbiegungen oder inneren Modificationen
der Wörter bestehen«.

Noch wichtiger ist der zweite Punkt, nämlich die in der
analytischen Vergleichung auftretende Hypothese von der

Herkunft der Personalsuffixe aus den Personalpronominibus. Die Stelle, in welcher diese Hypothese zuerst ausgesprochen worden ist, ist so interessant, dass ich sie ganz mittheile. Sie lautet: »Fr. Schlegel lässt die Bezeichnung der Personen des Verbi im Sanskrit und in den Sprachen desselben Ursprungs durch Abbiegung entstehen, aber Scheidius zeigt sehr befriedigend, wenigstens in Rücksicht des Pluralis, dass selbst die griechischen Verba mit der Wurzel zusammengesetzte Pronomina gebrauchen, um die verschiedenen Personen anzuzeigen. In Hinsicht des Singularis würde er weit besseren Erfolg gehabt haben, wenn er sich nicht auf die corrumpirte Form auf ω beschränkt hätte, deren dritte Person im Präsens auf ει endigt, wo ich kein einverleibtes Pronomen finden kann; — sondern seinen Blick auf die Form in μι gewandt hätte, deren dritte Person im dorischen Dialekte sich auf τι endigt. Scheidius begeht noch einen anderen Fehler, nämlich, dass er, indem er von den Pronominibus spricht, beim Nominativ stehen bleibt, während die rohe Form der Nomina besser aus den Casibus obliquis abgenommen werden kann. Auf diesem Wege ist es leicht, zu entdecken, dass το die Wurzelform des griechischen Artikels ist, welcher ursprünglich nichts mehr ist, als ein Pronomen der dritten Person, und als solches im Homer gebraucht ist. Dieses το, des Endvocals beraubt, wird ein wesentlicher Bestandtheil der Verba in ihrer dritten Person Singularis Dualis und Pluralis wie δίδοτι (so) δίδοτον δίδοντι. Ich zweifle nicht, dass sich erweisen lasse, wenigstens mit ebenso viel Wahrscheinlichkeit, als bei den arabischen, dass auch die sanskritischen Verba ihre Personen durch Zusammensetzung der Wurzel mit den Pronominibus bilden, über welchen Gegenstand ich am gehörigen Orte einige Bemerkungen aufstellen werde« (a. a. O. S. 60). Im Verlaufe dieser Abhandlungen hat Bopp aber zu diesen in Aussicht gestellten Bemerkungen nicht mehr Gelegenheit gefunden, sondern äussert nur noch: »Im Präsens werden die Pronominal-Consonanten M, S, T des Singularis und der dritten Person Pluralis mit einem kurzen *i* ausgesprochen« (S. 64), woraus folgt, dass ihm damals die später von ihm behauptete Entstehung von *mi* aus *ma* u. s. w. noch nicht klar geworden war.

In dieser Ausführung nimmt vor Allem die Berufung auf Scheidius, der schon »sehr befriedigend« das Princip der Zusammensetzung festgestellt habe, unsere Aufmerksamkeit in Anspruch. Gemeint ist die längere Erörterung in L. C. Valckenarii observationes acad. et Jo. Dan. a Lennep praelectiones academicae rec. Everardus Scheidius (Trajecti ad Rhenum 1790) pag. 275 ff. Indem ich es dem Leser überlasse, sich an den etymologischen Spielereien im Einzelnen zu vergnügen, führe ich nur diejenigen Worte Scheid's an, welche für die principielle Seite von Interesse sind. Sie lauten so: »Memini equidem, quum ante hos octodecim, et quod excurrit, annos, contubernio fruerer viri summi, quem honoris caussa nomino, Joannis Jacobi Schultensii, inter familiares sermones, quibus de linguarum indole agebatur, narrare Schultensium, virum suavissimum et harum rerum elegantissimum arbitrum, Lennepio placuisse, ut, quemadmodum in verbis orientalium, adformantes, quae dicuntur, temporis praeteriti proprie essent syllabae literaeve, a pronominibus antiquis quasi resectae: ita et in Graecorum verborum temporibus personisque eadem fuisset sermonis ratio«.

Wir sehen aus dieser Stelle, dass Bopp's Auffassung der Personalendungen schliesslich durch die hebräische Grammatik angeregt worden ist.

Wird nun das Princip der Zusammensetzung auf diese Weise empfohlen, so ist es kein Wunder, wenn es auch noch an andern Stellen, als in den mit *as* zusammengesetzten Temporibus und den Personalsuffixen zur Geltung kommt, so namentlich bei dem Optativ, dessen *i* zuerst in der Anal. Vergl. S. 71 als das Verbum »wünschen, verlangen« aufgefasst wird. Von wirklichen Abbiegungen im Schlegel'schen Sinne erkennt Bopp in der »Analytischen Vergleichung« nur noch an: gewisse Veränderungen der Vocale (so das *ai* des Mediums, das er noch nicht, wie später, aus Zusammensetzung erklärte) und die Reduplication (a. a. O. S. 60).

Zu diesen zwei Formulirungen der Bopp'schen Ansicht, wie sie im Conjugationssystem und der Analytischen Vergleichung vorliegen, tritt dann endlich die dritte und endgültige Fassung, welche zuerst in einer Reihe akademischer Abhandlungen und schliesslich in der vergleichenden Grammatik ausgesprochen ist, und welche sich von der zweiten Fassung wesentlich nur dadurch unterscheidet, dass das Princip der Zusammensetzung immer ausschliesslicher zur Geltung gebracht, und auch für diejenigen Gebiete der Grammatik, die in dem Conjugationssystem und der Analytischen Vergleichung noch nicht behandelt worden waren, durchgeführt wird.

Sie ist nunmehr ohne weitere Vorbereitung verständlich und lautet in kurzem Auszug wie folgt: Die Wörter der indogermanischen Sprachen sind aus Wurzeln abzuleiten, welche durchweg einsilbig sind. Es giebt zwei Classen von Wurzeln, nämlich Verbalwurzeln, aus denen Verba und Nomina entspringen, und Pronominalwurzeln, denen die Pronomina, die Urpräpositionen, Conjunctionen und Partikeln entstammen (vgl. ausser Vgl. Gr. §. 107 auch Abh. der Berl. Akad. 1831, S. 13 ff.).

Die Casus-Endungen sind ihrem Ursprunge nach wenigstens grösstentheils [1]) Pronomina. So entstammt das *s* des Nominativs dem Pronomen *sa*, das *m* des Accusativs erinnert an den indischen Pronominalstamm *i-ma*, der T-Laut des Ablativs kommt von demselben Pronominalstamm *ta*, dem auch das neutrale *d* in *id* seinen Ursprung verdankt u. s. w. (vgl. u. a. Abh. der Akad. 1826, S. 98).

Die Personalendungen des Verbums stammen von den Pronominibus erster, zweiter und dritter Person, *mi* ist eine Schwächung der Silbe *ma*, »welche im Sanskrit und Zend den obliquen Casus des einfachen Pronomens als Thema zum Grunde liegt.« Aus *mi* ist weiterhin *m* entstanden. In der Pluralendung *mas* steckt entweder das Pluralzeichen *as* des Nomina, oder das pronominale Element *sma*. Das *v* des Dualis ist nur eine Entartung des pluralischen *m*. Die Endungen zweiter Person gehen in ähnlicher Weise auf *tva*, die dritter Person auf *ta* zurück (*nti* s. unten S. 14). Nicht ganz zuversichtlich urtheilt Bopp über die Medialendungen. Doch hält er für wahrscheinlich, dass sie auf Verdoppelung der jedesmaligen Activendung beruhen.

Was die Kennzeichen des Präsensstammes betrifft, wie νυ in ζεύγνυμι, so ist es am wahrscheinlichsten, dass die meisten derselben Pronomina sind.

Das Augment, welches bei Gelegenheit des Imperfectums zur Erwähnung kommt, hält Bopp Vgl. Gr. §. 537 und ebenso schon in der Anal. Vergl. Seite 74 für identisch mit dem α privativum, und betrachtet es also als Ausdruck der

---

[1]) »grösstentheils«, weil einige Endungen (*os* und *säm*) nicht als gedeutet betrachtet werden, und gelegentlich auch eine symbolische Erklärung (s. unten S. 14) versucht wird.

Verneinung der Gegenwart. Er gesteht aber auch die Möglichkeit zu, es direct mit dem Pronominalstamm *a* »jener« in
Verbindung zu setzen, mit welchem übrigens die Verneinungs-
partikel *a* auch ihrerseits verwandt sei.

In dem S-Aorist gehört das *s* dem verbum substantivum an, und zwar ist die Zusammensetzung so zu denken,
dass das Imperfectum von *as* (aber ohne Augment) den Schluss
derselben bildet. »Ich erkenne — heisst es §. 542 — in diesem
s das verbum substantivum, mit dessen Imperfect die erste Bildung [des Aorists] ganz genau übereinstimmt, nur dass das *ā*
von *āsam* u. s. w. verloren geht«. Das *sya* des S-Futurums
wie *dāsyáti* hält Bopp für das im isolirten Gebrauch verlorene
Futurum von *as*. Übrigens sei es wahrscheinlich, dass einst
sämmtliche Verba ein Futurum mittelst *ya* gehabt hätten. *Ya*
selbst stamme so gut wie das Zeichen des Optativs von der
Wurzel *ī* wünschen.

In dem *aya* der Causativa steckt das Verbum *i* gehen
(wie *yā* gehen in dem *ya* des sanskritischen Passivums), und
in dem *s* der Desiderative das verbum substantivum.

Dieselbe Zusammensetzung liegt vor in gewissen Bildungen der Einzelsprachen z. B. *ama-vī*, worin die
Wurzel *bhū* zu erkennen ist, *ama-rem*, worin die Wurzel *as*
steckt u. s. w. [1]) (cf. Vgl. Gr. §. 521).

Die Stammbildungssuffixe endlich sind theils pronominalen Ursprungs, theils verbalen (z. B. *dātar* »Geber«
heisst eigentlich »der die Handlung des Gebens durchschrei-
tende« von *dā* geben und *tar* durchschreiten).

Neben dieser Erklärung durch Zusammensetzung wird
gelegentlich eine andere, die symbolische, angewendet.
So heisst es über den Dual: »Der Dual liebt, weil ihm eine
klarere Anschauung zum Grunde liegt, als der unbestimmten
Vielheit, zu stärkerem Nachdruck und lebendiger Personifici-
rung die breitesten Endungen« (Vgl. Gr. §. 206). Das Gleiche
gilt von dem Femininum, »welches im Sanskrit, sowohl am
Stamm, wie in den Casus-Endungen eine üppige Fülle der
Form liebt« (§. 113). Symbolisch ist auch das *n* in der dritten
Person plur. *-nti*, welches aus *ti* durch Einfügung eines Nasals
enstanden sein soll. Diese Einfügung sei die am wenigsten

---

¹) Dagegen nimmt Bopp nicht an, dass in einer Einzelsprache neue
Wurzelwörter entstehen könnten (vgl. Vorrede zur dritten Abth. der vgl.
Gr.¹ S. XIV).

fremdartige Beimischung, und komme der blossen Verlängerung eines schon vorhandenen Vocals am nächsten (§. 236; vgl. auch §. 226).

Vergleicht man nun diese letzte endgültige Fassung der Bopp'schen Ansichten mit der vorhergehenden, so ergiebt sich, dass der Schlegel'sche Einfluss bis auf einen kleinen Rest geschwunden ist. Denn das *ai* der Medialendungen, worin Bopp früher noch eine innere Umbiegung der Wurzel sah, wird nunmehr lieber durch Zusammensetzung gedeutet, und es bleibt also nur die Reduplication als eine Art innerer Modification der Wurzel zurück. (Und auch von dieser, die vielleicht ursprünglich die noch einmal gesetzte Wurzel war, kann doch nur sehr uneigentlich gesagt werden, dass sie eine »innere« Veränderung sei).

So ist es natürlich, dass Bopp sich in der Vgl. Gr. durch eine sachlich scharfe Polemik von Fr. Schlegel förmlich lossagt. Die betreffende Stelle lautet: »Unter Flexion versteht Fr. v. Schlegel die innere Veränderung des Wurzellauts, oder die innere Modification der Wurzel, die er der Anfügung von aussen entgegenstellt. Was sind aber, wenn von δο oder δω im Griechischen δίδωμι δώσω δοθησόμεθα kommt, die Formen μι σω θησομεθα anders als offenbare Zusätze von· aussen an die im Innern gar nicht oder nur in der Quantität des Vocals veränderte Wurzel? Wenn also unter Flexion eine innere Modification der Wurzel verstanden sein soll, so hat das Sanskrit und Griechische u. s. w. ausser der Reduplication die aus den Mitteln der Wurzel selbst genommen wird, kaum irgend eine Flexion aufzuweisen. Wenn aber θησομεθα eine innere Modification der Wurzel δο ist, bloss weil es damit verbunden wird, daran angränzt, damit ein Ganzes darstellt; so könnte man auch den Inbegriff von Meer und Festland als eine innere Modification des Meeres darstellen, oder umgekehrt.«

Man kann die hiermit entwickelte Bopp'sche Theorie, wenn man von dem geringen symbolischen Beisatz absieht, als Zusammensetzungs- oder Agglutinationstheorie[1]) bezeichnen.

---

[1]) So hat sie Lassen mit tadelnder Absicht zuerst genannt (vgl. Pott, Etym. Forsch. (erste Aufl.) 1, 179.)

Eine eingehendere Kritik der Agglutinationstheorie soll
nicht an dieser Stelle, sondern erst im 5. Kapitel versucht
werden.   Dagegen will ich wiederholt darauf aufmerksam
machen, dass die Bopp'schen Erklärungen sich nicht etwa
— wie wohl angenommen worden ist — als natürliche Consequenzen der Vergleichung von selbst ergeben, sondern dass
sie aus verschiedenartigen und von einander unabhängigen
Anschauungen und Erkenntnissen erwachsen sind, indem
sich bei Bopp zu den Anregungen, die aus dem Detail der
Forschung selbst sich ergaben, zugleich doch auch Stücke
der bisherigen gelehrten Tradition gesellten, so namentlich
das Vorurtheil von der Dreiheit der Redetheile, welches, wie
es scheint, den ersten Anlass gegeben hat, in verschiedenen s
der Verbalformen das verbum substantivum zu erkennen, ferner
die überlieferte Ansicht, dass die Wurzeln einsilbig anzusetzen
seien, und endlich die von der hebräischen Grammatik her
fortgepflanzte Tradition, dass man in den Personalsuffixen des
Verbums angehängte Pronomina zu erkennen habe.

II. Bopps Verfahren bei der Vergleichung gegebener Sprachen.

Nachdem in dem ersten Abschnitte über Bopps Theorie
der Flexion berichtet ist, habe ich nunmehr von seiner Vergleichung der gegebenen Einzelsprachen zu handeln. Selbstverständlich kann es nicht meine Absicht sein, die Resultate
aufzuzeichnen, welche durch Bopp's Vergleichung der indogermanischen Sprachen erreicht worden sind, sondern ich
werde lediglich versuchen, die Methode zu beschreiben, nach
welcher Bopp verfährt.

Man erwarte aber weder an diesem noch an einem anderen
Punkte von Bopp eine alle Einzelfälle umfassende und systematische Antwort. Die Bopp'sche Darstellung ist ein völliges
Gegenbild der Humboldt'schen. Während Wilhelm von
Humboldt sich an der Erörterung des Allgemeinen nie genug thun kann, und überall bestrebt ist, das Detail den Ideen
unterzuordnen, verkehrt Bopp hauptsächlich mit den in der
Sprache gegebenen Einzelheiten und streut nur sehr selten
allgemeine Erörterungen ein, die man als philosophisch bezeichnen könnte. So wenig es möglich ist, aus Humboldts
Einleitung in die Kawisprache grammatische Paradigmen aus-

zuziehen, ebenso wenig kann man aus Bopp's vergleichender Grammatik eine Theorie und Systematik der Sprachwissenschaft gewinnen. Unter diesen Umständen muss man die Untersuchung über Bopp's theoretische Ansichten von den in der Sprache wirksamen Kräften mit Vorsicht anstellen, man muss sich namentlich hüten, gewisse Termini, die er in bequemer Lässlichkeit anwendet, mit der Intoleranz eines Systematikers um ihren Begriffsinhalt und ihre Tragweite zu befragen. Ich glaube deshalb am richtigsten zu verfahren, wenn ich die Frage so stelle: Welches sind die allgemeinen Anschauungen, aus denen heraus Bopp über die Vorgänge in der Sprache zu urtheilen pflegte? und antworte auf diese Frage: Seine allgemeinen Anschauungen hatten naturwissenschaftlichen Anstrich, doch war unter denselben die alte philologische Grundfarbe noch nicht verschwunden. Die Liebhaberei für naturwissenschaftliche Ausdrucksweise zeigt sich sofort, wenn er versucht, seine Behandlungsweise der Sprache gegenüber der früheren zu beschreiben. Er beabsichtigt eine vergleichende »Zergliederung« der Sprachen, die systematische Sprachvergleichung ist eine »Sprach-Anatomie«, es handelt sich um eine »anatomische Zerlegung« oder »chemische Zersetzung« des Sprachkörpers, oder mit einem anderen Bilde, um eine »Physik« oder »Physiologie« der Sprache. Sehr entschieden tritt die naturwissenschaftliche Färbung gleich in dem ersten Satze der Vorrede zur vgl. Gr. hervor: »Ich beabsichtige in diesem Buche eine vergleichende, alles Verwandte zusammenfassende Beschreibung des Organismus der auf dem Titel genannten Sprachen, eine Erforschung ihrer physischen und mechanischen Gesetze und des Ursprungs der die grammatischen Verhältnisse bezeichnenden Formen«. Was in diesem Satze unter physischen und mechanischen Gesetzen zu verstehen sei, darüber hat sich, wie Bréal in der französischen Übersetzung der Bopp'schen vergleichenden Grammatik mittheilt, der Autor selbst auf Befragen ausgesprochen. Danach soll unter physischen Gesetzen das verstanden werden, was wir jetzt Lautgesetze nennen, unter mechanischen Gesetzen das was Bopp über das Gewichtsverhältniss der Vocale und Sylben ermittelt zu haben glaubte, wovon nachher die Rede sein wird. Was unter Organismus und organisch zu denken sei, lehren einige Stellen der Vergl. Gr. »Die Flexionen — so heisst es in der Vorrede zu Heft 2 der Vgl. Gr.[1],

S. VII — machen den wahren Organismus einer Sprache aus«,
und im Gegensatz dazu spricht er von »Sprachen mit einsilbigen Wurzeln, ohne Fähigkeit zur Zusammensetzung und daher ohne Organismus, ohne Grammatik« (§. 108). Organismus
ist also nichts anderes als die auf Agglutination gegründete
grammatische »Einrichtung« (Vorwort zum ersten Bande der
vgl. Gr. S. IV) einer Sprache, und organisch alles das, was
dieser Einrichtung entspricht, unorganisch das, was ihr untreu
geworden ist. Man kann deshalb statt organisch auch ursprünglich, statt unorganisch auch unursprünglich sagen. So
wird z. B. von dem ν der Endung μην gesagt, es sei »organisch,
d. h. nicht ein späterer nichtssagender Zusatz, sondern ab-
sichtlich und ein Vermächtniss der Urperiode unseres Sprachstammes« dagegen gilt z. B. das μι von τύπτοιμι als unorganisch, weil der Optativ in allen Sprachen, wo er als gesonderte
Form vorhanden ist, die kurzen Endungen hat, und zwar, mit
Ausnahme des einzigen Griechisch auch in der ersten Person.
Unorganisch ist eben Alles, was aus dem ursprünglichen Bau
des Indogermanischen — nach der Ansicht des betreffenden
Grammatikers — nicht hergeleitet werden kann.

Man sieht, dass die Beziehungen mechanisch, physisch,
organisch nicht im strengen naturwissenschaftlichen Wortver-
stande gebraucht werden, immerhin aber kann man aus ihrer
Anwendung schliessen, dass Bopp sich die Sprache als eine
Art von Naturkörper vorstellt. Dieses Wort gebraucht er
geradezu Vocalismus S. 1: »Die Sprachen sind als organische
Naturkörper anzusehen, die nach bestimmten Gesetzen sich
bilden, ein inneres Lebensprincip in sich tragend sich entwickeln und nach und nach absterben, indem sie, sich selber
nicht mehr begreifend, die ursprünglich bedeutsamen, aber
nach und nach zu einer mehr äusserlichen Masse gewordenen
Glieder oder Formen ablegen oder verstümmeln oder miss-
brauchen, d. h. zu Zwecken verwenden, wozu sie ihrem Ursprunge nach nicht geeignet waren«.

Dieser Satz führt nach zwei Richtungen weiter. Zunächst
möchte ich die Aufmerksamkeit des Lesers auf die Bemerkung
lenken, dass die Sprache im Laufe der Zeit sich selbst nicht
mehr begreife. Es wird damit der Sprache geistige Thätigkeit
zugeschrieben, und von ihr gesprochen, als ob sie ein denkendes Wesen sei. Diese Ausdrucksweise ist nicht vereinzelt. An
anderen Stellen redet Bopp von dem Geist oder Genius der
Sprache und erkennt in ihrem Verfahren gewisse Tendenzen

und Absichten. Manchmal wird auch nicht die Sprache als
Ganzes, sondern die einzelne Form wie ein denkendes Wesen
angesehen. So heisst es Vgl. Gr.[1] S. 516 der slavische Stamm
sjo sei sich »seiner aus der Urperiode der Sprache überlieferten
Zusammensetzung nicht mehr bewusst«. Diese Wendungen
sind Bilder und zwar sehr natürliche, und wahrscheinlich
würde Bopp, wenn man ihn darauf aufmerksam gemacht
hätte, zugestanden haben, dass in Wahrheit diese Seelenthätig-
keiten sich nicht in der Sprache, sondern in den einzelnen
sprechenden Menschen vollziehen, aber es ist wichtig, hier
auf die Anfänge einer Anschauungsweise aufmerksam zu
machen, die sich bei Schleicher bis zu einer bewussten
Hypostasirung des Begriffes Sprache gesteigert hat. Ferner
ist in dem angeführten Satze der Ausdruck absterben beach-
tenswerth. Nach Bopp bedeuten alle äusseren Veränderungen,
die wir an den indogermanischen Sprachen wahrnehmen, nicht
Entwickelung, sondern Krankheit, Verstümmelung, Verfall.
Wir lernen die Sprachen nicht in aufsteigender Entwickelung
kennen, sondern in einem Zustande, in welchem sie das ihnen
bestimmte Ziel bereits überschritten hatten. Wir ergreifen sie
nämlich in einem Zustande, »wo sie syntaktisch zwar sich noch
vervollkommnen mochten, in grammatischer Beziehung aber
schon mehr oder weniger von dem verloren haben, was zu der
vollendeten Einrichtung gehörte, in welcher die einzelnen
Glieder in genauem Verhältnisse zu einander standen, und
alles Abgeleitete noch durch ein sichtbares, ungetrübtes Band
an das, wovon es ausgegangen, sich anschloss.« (Vocalismus
S. 2). So lange der Sinn der Zusammensetzung in einer grammatischen Form noch gefühlt wird, setzt sie der Veränderung
noch Widerstand entgegen. Je weiter aber die Sprachen von
ihrem Ursprunge sich entfernen, desto mehr gewinnt die Liebe
zum Wohllaut an Einfluss (Abh. der Berl. Akad. 1824, S. 119).
Auch diese Anschauungsweise ist von Schleicher gesteigert
und systematisirt worden.

Nach diesen Bemerkungen über Bopp's Grundan-
schauungen gehe ich dazu über, mehr im Detail zu zeigen, wie
er sich die Veränderungen in der Sprache vorstellte, und be-
nutze zur Anordnung die von Bopp selbst aufgestellten Kategorien: mechanische und physische Gesetze.

Die von Bopp so genannten mechanischen Gesetze zeigen
sich vor Allem wirksam in den Veränderungen, welche das
Gewicht der Personalendungen in dem Stamme hervorbringt.

Auf die schwere Form des Stammes folgt die leichte Endung, z. B. *émi* ich gehe, von *i* gehen, aber vor der schweren Endung wird nur die leichte Stammform geduldet, z. B. *imás* wir gehen. Auf demselben Gesetz beruht der deutsche Ablaut, den wir z. B. in ich *weiss*, wir *wissen*, noch bis heute bewahrt haben. Wir erklären jetzt diese zuerst von Bopp formulirten Thatsachen anders, indem wir die Schwächung gewisser Silben nicht mehr einem Gesetz der Schwere, sondern der Kraft des Accentes der folgenden Silbe zuschreiben.

Ausser dem Einfluss des Gewichts der Personalendungen erkennt Bopp noch eine andere Wirkung des Gravitätsgesetzes, die sich an folgenden Beispielen anschaulich machen lässt. Die Stammsilben haben die Aufgabe, die Bildungssilben zu tragen, und es kann vorkommen, dass eine Stammsilbe für diesen Zweck nicht stark genug ist. Ein solcher Fall liegt vor in dem sanskritischen Imperativ *cinu* sammle, von *ci* wozu bemerkt wird, das Zeichen *nu* könne die Endung *hi* nur dann tragen, wenn das *u* sich an zwei vorhergehende Consonanten anlehnen kann, wie das z. B. in *āpnuhi* der Fall ist. »Wo aber dem *u* nur einfache Consonanz vorhergeht, da ist es unfähig geworden, die Endung *hi* zu tragen, daher *cinu* sammle, von *ci*« (§. 451). Ähnlich erklärt sich Bopp den Umstand, dass die Perfectendungen im Vergleich zu denen des Präsens stark verstümmelt erscheinen. Die Wurzel ist, da sie im Perfectum ja auch die Reduplicationssilbe zu tragen hat, gleichsam nach zwei Seiten engagirt, und nicht mehr im Stande, eine schwere Endung zu heben. Es ist klar, dass dieses zweite Gravitätsgesetz, dessen Wirkung Bopp noch an mehreren Punkten findet, gegen das erste in directen Gegensatz tritt, und es wird wohl jetzt allgemein zugestanden, dass der Gedanke, der in diesem Gesetz ausgesprochen ist, an Bildlichkeit und Undeutlichkeit leidet.

Von den mechanischen Gesetzen, welche wir (wie angedeutet) nicht mehr in der Weise wie Bopp uns vorstellen und anerkennen können, komme ich zu den physischen Gesetzen, die wir jetzt Lautgesetze zu nennen pflegen. Um den Bopp'schen Standpunkt in dieser Beziehung zu würdigen, ist es wichtig, sich klar zu machen, auf welchem Wege man überhaupt zur Aufstellung von Lautgesetzen gelangen konnte. Wer immer das Sanskrit mit einer anderen indogermanischen Sprache, etwa dem Griechischen, verglich, musste den Eindruck erhalten, dass in beiden Sprachen Worte und Formationen vorhanden sind, die sich vollkommen decken. Es konnte Niemand entgehen, dass z. B. Skr. *mātár* und griech. μήτηρ, Skr. *dáma* und griechisches δόμος, Skr. *pitár* und griech. πατήρ dieselben Worte seien und dass die Flexionsendungen des Verbums in beiden Sprachen im Wesentlichen übereinstimmen. Die Überzeugung von dieser Übereinstimmung beruhte auf der unmittelbaren Evidenz, und war nicht weiter zu beweisen. Aus der Vergleichung konnte man die Regel ziehen, dass gewissen Lauten des Sanskrit gewisse Laute des Griechischen entsprächen, dem *m* das μ, dem *t* das τ u. s. w. Indessen selbst bei der Heranziehung ganz weniger Worte ergab sich zugleich, dass nicht immer derselbe Laut des Skr. durch denselben des Griechischen vertreten wurde. So entsprach z. B. in *dáma* δόμος *dádāmi* δίδωμι dem indischen *d* das griechische δ, aber in dem Paare *duhitár-*θυγάτηρ, das man doch nicht aus einander reissen wollte, dem indischen *d* ein griechisches θ. Durch solche Erfahrungen musste man zu der Ansicht getrieben werden, dass die Regeln Ausnahmen leiden, und also sagen : Gewöhnlich entspricht dem indischen *d* das griechische δ, manchmal aber auch das griechische θ. Einer solchen Regel gegenüber ist nun eine doppelte Stellung denkbar. Entweder kann man, indem man von der theoretischen Überzeugung ausgeht, dass Gesetze keine Ausnahmen leiden, sich veranlasst fühlen, nach den Gründen zu suchen, welche die sogenannte Ausnahme hervorbringen, oder man kann sich bei der Formulirung mittelst »gewöhnlich« nnd »manchmal« beruhigen. Und dies ist, im Grossen und Ganzen gesprochen, Bopp's Standpunkt. »Man suche — so war seine Meinung — in den Sprachen keine Gesetze, die festeren Widerstand leisten, als die Ufer der Flüsse und Meere« (Vocalismus S. 15). An anderen Stellen nimmt er wenigstens für einen Theil der beobachteten Lautvorgänge diese bequeme Auffassung in Anspruch, indem er meint, es gäbe zwei Arten von euphonischen Veränderungen in den Sprachen, »die eine zum allgemeinen Gesetz erhoben, kommt bei jeder gleichen Veranlassung in gleicher Gestalt zum Vorschein, während andere nicht zum Gesetz gewordene nur gelegentlich hervortreten« (Vgl. Gr.[1] §. 236, Anm.). Dass diese letztere Art von Erscheinungen nach Bopp's Meinung einen breiteren Raum einnimmt, als die erste, wird man bald gewahr. Er nimmt für die Sprache häufig das Recht in Anspruch, mit »einer gewissen Freiheit« von dem bestehenden Gesetze abzuweichen. Dass Vocale ohne

Grund verlängert werden, starke Verstümmelungen ohne denkbare Veranlassung eintreten (wie z. B. ἐτύπην aus ἐτύφϑην verstümmelt sein soll), und dass die gleiche Lautgruppe sich in
einer und derselben Sprachperiode zu sehr verschiedenen Bildungen umgestaltet, erscheint ihm nicht merkwürdig. So soll
z. B. der Pronominalstamm *sma* im Gothischen in sechs Gestalten erscheinen, als *nsa, sva, nka, nqva, mma* und *s* (§. 167).
Wenn er für einen ihm wahrscheinlichen Übergang in derselben Sprache keine Analogie nachweisen konnte, so wandte
er sich an eine andere, z. B. um die Behauptung zu erhärten,
dass das *l* der slavischen Participia aus *t* hervorgegangen sei,
an das Bengalische. Das κ von δέδωκα deutet er aus *s*, in
τέτυφα aber ist dieses κ »gleichsam im Geiste des germanischen
Lautverschiebungsgesetzes« zu *h* und dieses mit der vorhergehenden Tenuis oder Media zur Aspirata geworden (§. 569).
Auch vor der Annahme ganz vereinzelter Übergänge schreckt
er nicht zurück. Ausnahmslosigkeit nimmt Bopp nur selten
für ein Lautgesetz in Anspruch. Ein interessantes Beispiel
der Art findet sich in seiner Abhandlung über das Demon-
strativum und den Ursprung der Casuszeichen (Abh. der Berl.
Akad. 1826). Dort ist es ihm sehr wichtig, zu beweisen, dass
der Artikel *sa* ὁ niemals ein Nominativ-*s* gehabt haben könne,
und bei der Zurückweisung der Annahme, dass das *s* im
Sanskrit und Griech. abgefallen sein könnte, führt er die Ausnahmslosigkeit gewisser Lautgesetze in folgenden bezeichnenden Worten ins Gefecht: »Allein es darf nicht übersehen
werden, dass solche Abschleifungen gewöhnlich, wo nicht
immer, mehr in Masse und gesetzmässig als im Einzelnen und
willkürlich stattfinden, und wenn der Geist einer Sprache zu
irgend einer Periode ihrer Geschichte einen Hass fasst gegen
irgend einen Buchstaben als Schlusspfeiler eines Wortes, so
verdrängt er ihn überall, wo er ihn vorfindet, so dass auch
nicht ein einziger übrig bleibt, welcher der Vermuthung Raum
liesse, dass noch andere seines Gleichen dagewesen. Auf
diese Weise hat im Griechischen ein Lautgesetz gegen das τ
gewüthet und es überall ausgerottet, wo es als Endbuchstabe
stand, so wichtig und ausgedehnt auch seine grammatische
Rolle muss gewesen sein, wie sich aus der Vergleichung mit
den verwandten Sprachen klar genug zu erkennen giebt. Das
Σ hingegen ist stets ein dem griechischen Ohr befreundeter
Endbuchstabe geblieben, und so gerne es in der Mitte zwischen
zwei Vocalen sich hat verdrängen lassen, so standhaft zeigt es

sich am Ende, überall wo die vergleichende Sprachkunde es erwarten lässt.«

Man sieht aus diesen Anführungen, die ins Unendliche vermehrt werden könnten, dass Bopp zwar im einzelnen Falle, wo die Thatsachen es ihm an die Hand zu geben schienen, einem Lautgesetze Ausnahmslosigkeit zusprach, aber keineswegs im Allgemeinen, sondern dass er der Sprache die Freiheit zugestand, von den bestehenden Gesetzen sich gelegentlich zu emancipiren. Es wird allgemein zugestanden (auch von denjenigen Forschern, welche dem Princip der Ausnahmslosigkeit der Lautgesetze nicht zustimmen), dass Bopp auf dem Gebiet der Lautlehre seinen Nachfolgern am meisten zu thun übrig gelassen hat. Für ihn war (wie schon angedeutet worden ist) stets der Gesammteindruck, dass die verglichenen Worte identisch seien, entscheidend, und diesem Gesammteindruck hatten sich die Laute zu fügen, die Controlle der einen Behauptung durch die Vergleichung der sonst bezeugten Schicksale desselben Lautes hat er nicht in genügendem Masse eintreten lassen. Es ist das grosse Verdienst August Friedrich Pott's, diese Lücke ausgefüllt zu haben.

Der eben geschilderte methodische Mangel bei Bopp's Forschungen machte sich nun auf dem indogermanischen Gebiete darum nicht so stark fühlbar, weil in denselben in der That eine Fülle von Formen und Worten vorhanden sind, wo an derselben Stelle derselbe Laut erscheint, und weil Bopp bei der Aufdeckung verborgener Ähnlichkeiten durch seinen genialen Tiefblick wunderbar richtig geleitet wurde, sie traten aber grell hervor, als Bopp es unternahm, Sprachen, deren Zugehörigkeit zu unserem Sprachzweige nicht feststand, zur Vergleichung heranzuziehen, ich meine namentlich die malayisch-polynesischen. Es wird jetzt, so viel ich weiss, von den Kennern durchweg angenommen, dass diese Sprachen mit den sanskritischen Sprachen nichts zu thun haben, Bopp aber empfing den Eindruck, dass sie zum Sanskrit in einem töchterlichen Verhältniss stünden, und suchte die Verwandtschaft in derselben Weise zu erhärten, wie die der indogermanischen Sprachen in seiner Vgl. Gr., soweit der Charakter dieser Sprachen, welche »eine totale Auflösung ihres Urbaues erfahren haben«, es gestattet. Er stellte also auch hier nicht Lautentsprechungstabellen auf, sondern verglich Wörter, die ihm identisch zu sein schienen (z. B. die Zahlwörter) mit einander, und suchte sich mit den Lautübergängen im einzel-

nen Falle abzufinden. Natürlich wurde sein Verfahren hier,
wo er es mit einem völlig widerstrebenden Stoff zu thun hatte,
gewaltsamer als auf dem indogermanischen Gebiet. Ich will
diese Gewaltsamkeit durch ein Beispiel belegen. Es betrifft
das Wort *po*, welches Nacht bedeutet. Darüber sagt B o p p
(Über die Verwandtschaft der malayisch-polynesischen Sprachen mit den indisch-europäischen, Abh. der Berl. Akad.
1840) S. 172 Folgendes: »Die gewöhnliche Benennung der
Nacht lautet in den Südseesprachen, namentlich im Neuseel.,
Tahit. und Hawaischen *po*, welches dem sanskritischen *kšapas*, *kšapo* gleichsam wie ein Echo nur die letzte Silbe nach-
ruft«. Nun giebt es ausserdem ein Wort *bo* Tag, welches, wie
es S. 218 heisst, aus dem skr. *divas*, *divo* entsprungen sein
könnte. »Sollte aber — fährt B o p p fort — das tongische *bo*
mit dem früher erwähnten *po* zusammenhängen, welches in
den Südseesprachen Nacht bedeutet, so müsste man die Zu-
sammenstellung dieses *po* mit dem Sanskrit *kšapas* fallen
lassen, und annehmen, dass diesem *po* ein Epitheton entfallen
sei, welches im Tongischen den Tag zur Nacht umschafft, und
diese als schwarzen oder dunkelen Tag bezeichnet.«

Es ist nach dem, was ich oben über B o p p's Verhältniss
zur Lautlehre gesagt habe, nicht nöthig, weiter auf solche
Extravaganzen einzugehen, es ist vielmehr schon durch das
Gesagte klar, dass an dem Scheitern dieses Unternehmens auf
malayisch-polynesischem Gebiet nicht etwa ein constitutio-
neller Fehler der Sprachwissenschaft überhaupt, sondern lediglich ein später ausgeglichener Mangel der in diesem Punkte
noch unfertigen B o p p'schen Methode sich offenbart.

Dass aber B o p p noch in ziemlich latitudinarischen Vorstellungen über Lautwandel und Lautgesetze befangen war,
muss man sehr natürlich finden. B o p p war kein Naturforscher, sondern ein Philologe, der sein Leben lang mit
Grammatiken verkehrte. Einem Naturforscher freilich erscheint der Gedanke, dass ein Gesetz beliebig Ausnahme erleiden könne, lächerlich oder empörend, dagegen war diese
Anschauung der philologischen Theorie und Praxis völlig ge-
läufig. In allen Grammatiken war die Masse des »Unregel-
mässigen« mindestens ebenso gross als die des »Regelmässigen«
und eine Regel ohne Ausnahmen erregte geradezu Verdacht.
Derartige überlieferte Meinungen aber verlieren sich erst im
Laufe von Generationen.

Bopp's Leistung besteht, wie schon oben bemerkt darin, dass er eine selbständige Theorie über die Entstehung der Flexion aufstellte, und sodann darin, dass er die gründliche Urgemeinschaft der indogermanischen Sprachen wissenschaftlich nachwies.

Wir sind nunmehr, nachdem wir dem Leser Bopp's Arbeiten auf beiden Gebieten vorgeführt haben, im Stande, in wenigen Worten zusammenfassend anzugeben, welches die geistige Eigenthümlichkeit ist, die in den Schriften dieses grossen Gelehrten besonders hervortritt.

Wenn man hört, dass ein einzelner Mann das Sanskrit, Altpersische, Zend, Armenische, Griechische, Italische, Keltische, Slavische und Germanische vergleichend dargestellt hat und noch über dieses ungeheure Gebiet hinaus zu den Sprachen der Südsee fortgeschritten ist, so ist man leicht geneigt, ihm eine ganz ungewöhnliche, ja exorbitante Gelehrsamkeit zuzuschreiben. Bei näherer Betrachtung aber sieht man leicht dass die Gelehrsamkeit nicht eigentlich eine für Bopp charakteristische Eigenschaft ist. Gewiss hat er in einem arbeitsamen Leben viel gelernt, aber er war nicht einer von den Männern, über deren Gelehrsamkeit man erschrickt, wie das etwa bei A. W. v. Schlegel der Fall war. Von manchen Sprachen, um deren Aufhellung er sich unvergängliche Verdienste erworben hat, wie das Slavische und Keltische, hatte er (philologisch gesprochen) nur dürftige Kenntnisse, und gegen gewisse Einzelheiten der Überlieferung, wie z. B. die Regeln der Latinität war er gelegentlich gleichgültiger, als wünschenswerth ist. So nahm er sich nicht übel, seinem Sanskritwörterbuch den Titel *glossarium sanscritum a Franzisco Bopp* zu geben und zog es vor, *postquam* mit dem Plusquamperfectum zu construiren. Was ihm zur Erklärung der Formen und zum Verständniss des Naturzustandes der Sprache nicht beizutragen schien, liess ihn verhältnissmässig gleichgültig.

Auch das ist nicht völlig richtig, was man oft versichern hört, dass Bopp die sprachvergleichende Methode erfunden habe. Bopp hat es in unvergleichlicher Weise verstanden, in dem Getrennten die ehemalige Einheit zu erkennen, aber eine methodische Kunst, die man ihm ablernen könnte, hat er nicht aufgebracht. Vielmehr liegt, wie oben gezeigt worden ist, grade auf der methodischen Seite seiner Schwäche.

Bopp's Grösse besteht in etwas Anderem, was von Gelehrsamkeit und Methode unabhängig ist, nämlich in dem,

was wir Genialität nennen. Seine vergleichende Grammatik
beruht auf einer Reihe von genialen Entdeckungen, die nicht
durch Gelehrsamkeit und Übung ermöglicht wurden, sondern
durch eine für uns nicht weiter analysirbare Naturgabe. Damit will ich natürlich nicht sagen, dass Bopp seiner Gelehrsamkeit und seinem logisch urtheilenden Verstande nicht Vieles
zu danken habe, sondern nur, dass das glückliche Aperçu bei
ihm eine viel wichtigere Rolle spielt, als bei anderen ausge-
zeichneten Sprachforschern, z. B. bei August Schleicher.

Zweites Kapitel.

Bopp's Zeitgenossen und Nachfolger bis auf August Schleicher.

Bopp war selbständig, aber nicht einsam. Mit ihm zugleich arbeiteten auf nahe angrenzenden Gebieten Wilhelm
von Humboldt, August Wilhelm von Schlegel,
Jakob Grimm. Ich will versuchen, den Einfluss abzuschätzen, welchen diese Männer auf die von Bopp begründete
Wissenschaft ausgeübt haben.

Von Wilhelm von Humboldt spricht Bopp nie
ohne einen Ausdruck von Verehrung. Es genügt die Worte
anzuführen, mit denen er die Vorrede zur zweiten Abtheilung
der vergleichenden Grammatik schliesst: »Ich habe das Glück
gehabt, über diese schon anderwärts berührte Wahrnehmung
(die Adjectivdeclination betreffend) noch das mir überaus
schätzbare beifällige Urtheil meines verewigten Gönners W. v.
Humboldt zu erfahren, in welchem vor kurzem die Sprachwissenschaft ihre schönste Zierde verloren hat. Von Schmerz
über diesen harten Verlust noch ganz ergriffen, kann ich es
nicht unterlassen, hier dem ruhmvollen Andenken jenes
grossen Mannes den Ausdruck der innigsten Verehrung und
Bewunderung zu zollen, womit seine geistreichen Schriften im
Gebiete philosophischer und historischer Sprachforschung, so

wie sein lehr- und liebreicher persönlicher und brieflicher Umgang mich durchdrungen haben.«

Dass aber W. v. Humboldt auf Bopp einen erheblichen Einfluss ausgeübt habe, kann ich nicht finden. Die unendlich vielseitige, die verschiedenartigsten Kenntnisse und Strebungen in sich vereinigende und aussöhnende Humboldt'sche Natur war nicht geeignet, einem Geiste von so grosser und einfacher Kraft wie dem Bopp'schen eine veränderte Richtung zu geben. Überhaupt ist nichts schwieriger, als mit deutlichen Worten anzugeben, worin die Einwirkung besteht, welche Humboldt gerade auf die indogermanische Sprachforschung ausgeübt hat. Es ist schwer innerhalb derselben ein Gebiet zu bezeichnen, auf dem er Bahn gebrochen hätte, mit Bestimmtheit eine Theorie zu nennen die er aufgestellt hätte, eine Anschauungsweise anzugeben, die lediglich auf ihn zurückginge, und doch bekennt sich nicht bloss Bopp, sondern bekennen sich auch andere Vertreter dieses Faches wie Pott, Schleicher, Curtius als Humboldts dankbare Schüler. Auf die Frage, womit denn Humboldt auf diese Männer gewirkt habe, hat man wie ich glaube zu antworten: hauptsächlich mit der Totalität seines Wesens. Seine hohe und uninteressirte Liebe zur Wahrheit, sein Streben über dem Einzelnen das Ganze, und über dem Ganzen das Einzelne nicht aus dem Auge zu verlieren, und sich damit sowohl von den Gefahren des Specialistenthums. wie der bisherigen allgemeinen Grammatik fern zu halten, die abwägende Gerechtigkeit seines Urtheils, sein allseitig gebildeter Geist und seine edle Humanität — alle diese Eigenschaften wirken stärkend und läuternd auf eine fremde wissenschaftliche Persönlichkeit, die Wilhelm von Humboldt nahe tritt, und diese Art der Einwirkung wird, wie ich glaube, Humboldt noch lange behalten und selbst auf diejenigen auszuüben fortfahren, welche den Humboldt'schen Theorieen rathlos gegenüberstehen.

Weniger freundlich als gegen Wilhelm von Humboldt hat sich die Nachwelt gegen August Wilhelm von Schlegel gestellt. Es ist, wie ich glaube, ausserhalb der Fachkreise nicht bekannt genug, dass der Uebersetzer des Shakespeare zugleich der Begründer der Sanskritphilologie ist. A. W. v. Schlegel stand bereits im 48ten Jahre, als er sich mit Sanskrit zu beschäftigen anfing, aber sein bewunderungswürdiger Fleiss und seine durch vielseitige Übung gestärkte

Orientirungsgabe machten ihn in kurzer Zeit zum Herrn der gewaltigen Schwierigkeiten, die damals dem Studium der indischen Literatur entgegenstanden. Mit Bewunderung lesen wir, wie richtig er sofort die Aufgaben präcisirte, welche zu lösen waren: »Soll« — so heisst es in der Indischen Bibliothek I, 22 — »das Studium der Indischen Literatur gedeihen, so müssen durchaus die Grundsätze der classischen Philologie, und zwar mit der wissenschaftlichsten Schärfe darauf angewandt werden. Man wende nicht ein, die gelehrten Brahmanen seyen ja durch ununterbrochene Überlieferung im Besitz des Verständnisses ihrer alten Bücher; für sie sei das Sanskrit noch eine lebende Sprache; wir dürften also nur bei ihnen in die Schule gehn. Mit den Griechen war es vor der Zerstörung von Constantinopel derselbe Fall; die Kenntnisse eines Laskaris, eines Demetrius Chalkondylas, von der alten Literatur ihres Volkes waren allerdings schätzbar; dennoch haben die abendländischen Gelehrten sehr wohl gethan, es nicht dabei bewenden zu lassen. Zur Lesung der Griechen war man indessen in Europa durch die nie ganz ausgestorbene Bekanntschaft mit der Lateinischen Literatur ziemlich vorbereitet. Hier hingegen treten wir in einen völlig neuen Ideenkreis ein. Wir müssen die schriftlichen Denkmale Indiens zugleich als Brahmanen und als Europäische Kritiker verstehen lernen. Die heutigen Homerischen Fragen waren jenen gelehrten Griechen nicht fremder, als es die Untersuchungen über den Ursprung der Indischen Religion und Gesetzgebung, über die allmähliche Entwickelung der Mythologie, über ihren Zusammenhang und ihre Widersprüche, über ihre kosmogonische, physische oder geschichtliche Deutung, endlich über die Einmischungen späterer Betruges, den Weisen Indiens sein würden. Dem Herausgeber Indischer Bücher bieten sich dieselben Aufgaben dar, wie dem classischen Philologen: Ausmittelung der Ächtheit oder Unächtheit ganzer Schriften und einzelner Stellen; Vergleichung der Handschriften, Wahl der Lesearten und zuweilen Conjectural-Kritik; endlich Anwendung aller Kunstgriffe der scharfsinnigsten Hermeneutik« u. s. w. Diesem Programm liess A. W. v. Schlegel die That auf dem Fusse folgen. Seine Ausgaben leisten nach dem Urtheile der Kenner Alles was damals zu leisten überhaupt möglich war und bilden den wahrhaftigen Anfang der indischen Philologie. — Zu Bopp stellte sich A. W. v. Schlegel anfangs freundlich. Er war es, der zuerst (in den Heidelberger Jahrbb. 1815 Sept. Nr. 56) dem Publicum ankündigte, was es von Bopp würde zu erwarten haben, er zeigte den Nalas von Bopp mit Einsicht und Wohlwollen an, und versicherte noch 1827 in dem ersten Brief an Heeren (Indische Bibliothek 2, 385) dass Bopp und er seit ihrer 1812 in Paris begonnenen Bekanntschaft »immer in freundschaftlichem Wetteifer und Einverständniss für denselben Zweck gewirkt hätten.« Später änderte sich das Verhältniss und an die Stelle des freundschaftlichen Wetteifers trat eine jener literarischen Feindschaften, die für A. W. v. Schlegel zum Lebensbedürfniss gehörten.

Zu einer gründlichen polemischen Auseinandersetzung zwischen Schlegel und Bopp ist es nicht gekommen, sondern nur zu einzelnen spitzen Epigrammen A. W. v. Schlegels, die von Bopp erwidert wurden. Der Gegensatz bezog sich auf zwei Gebiete, die Sanskritphilologie und die Sprachforschung. Bopp hat neben seinen grossen sprachvergleichenden Arbeiten noch Zeit gefunden, die nöthigen Hülfsmittel für das Studium des Sanskrit zu schaffen, die Ausgabe des Nala, ein Glossar, und vor allen Dingen die Sanskritgrammatik in mehreren verschiedenen Fassungen. Und bei dieser beging er eine Unterlassungssünde, die A. W. v. Schlegel ihm nicht verziehen hat. Bopp hat den indischen Nationalgrammatikern niemals ein specielles Studium zugewendet, was er von ihnen gebrauchen konnte, entnahm er aus zweiter Hand, nämlich aus den Grammatiken seiner englischen Vorgänger; er selbst begnügte sich auf dem Wege directer Beobachtung und vergleichender Zergliederung in die heilige Sprache Indiens einzudringen. Nun ist gewiss nicht zu bezweifeln, dass Schlegel in der Theorie vollkommen Recht hatte, wenn er forderte, dass die einheimischen Meister der indischen Grammatik nicht vernachlässigt würden, aber ebenso sicher ist auch, dass Bopp sich von einem richtigen Gefühl leiten liess. Das Einarbeiten in die indischen Grammatiker würde bei den damaligen Hülfsmitteln Jahre gekostet haben, und mit Recht bemerkt Benfey (Geschichte der Sprachw. 389), dass es fraglich ist, ob diese eminent philologische Aufgabe sich gerade für Bopp geschickt haben würde.

Auf dem anderen Gebiet, der Sprachvergleichung, galt es für A. W. v. Schlegel, gleichsam die Ehre der Familie zu vertheidigen. Dass Bopp sich von der Theorie Friedrich Schlegel's immer mehr abwendete, vermerkte der Bruder

sehr übel. Er sah sich als den natürlichen Vertheidiger der
»organischen« Auffassung an, der die Bopp'sche »Agglutinationstheorie« in so bedrohlicher Weise das Feld abgewann.
Leider ist A. W. v. Schlegel nicht weiter gekommen als zu
der Ankündigung eines grossen sprachwissenschaftlichen
Werkes, welches den Titel führen sollte: Etymologicum
novum sive synopsis linguarum, qua exponitur parallelismus
linguae Brachmanum sacrae cum lingua Graeca et Latina;
cum reliquiis linguae Etruscae, Oscae ceterarumque indige-
narum veteris Italiae dialectorum; denique cum diversis po-
pulorum Teutonicorum linguis, Gothica, Saxonica, Francica,
Alemannica, Scandica, Belgica. Doch ist von seinem ver-
trauten Schüler Christian Lassen eine umfängliche und
eingehende Recension der Bopp'schen grammatischen Arbeiten vorhanden, aus der man sieht, wie etwa in dem
Schlegel'schen Kreise über Bopp geurtheilt sein mag.
Der Ton, in dem Lassen schreibt, ist der des kalten
aber gerechten Richters. Das Löbliche wird gebührend hervorgehoben, das Verfehlte mit Ernst getadelt, nur bei der Erwähnung der Agglutiationstheorie bricht Animosität hervor.
Die betreffende Stelle lautet so (Indische Bibl. 3, 78): »Ich
hatte mir vorgenommen, gegen die hier wiederkehrende Agglutinationstheorie zu sprechen; da ich aber weiss, dass Herr
von Schlegel über diesen Punkt reden wird, so will ich
mir gern ein freiwilliges Stillschweigen über diese Materie
auflegen, die es wohl verdient, von seiner überlegenen Hand
behandelt zu werden. Ich will also bloss berichten, dass nach
Herrn Bopp's Ansicht die charakteristischen Buchstaben der
Personal-Endungen eigentlich angehängte Pronomina sind,
und dass der Ursprung vieler Tempora in dem einverleibten
Verbum substantivum (as) gesucht wird. Dieses Wort spielt
überhaupt in dem vorliegenden Buche die Rolle des alten
Überall-und-nirgends und verwandelt sich auf proteische
Weise in die verschiedensten Gestalten. Obwohl nun die Zu-
bereitungen, unter welchen Herr Bopp das Wörtlein as auf-
tischt, mir selten besonders schmackhaft vorkommen, so will
ich ihm doch aus Dankbarkeit für seine sonstigen verdienst-
vollen Bestrebungen eine ihm unbekannte Form dieses Verbums nachweisen, mit welcher ich zwar nicht viel anzufangen
wüsste, ohne desshalb behaupten zu wollen, dass sie nicht von
anderen zu den unerwartetsten Ableitungen benutzt werden
könnte. Diese Form ist *ás* (für *ást*), die dritte Person Sing.

des Imperf. Act. (Pānini VII, 3, 97). Die Kürze der Form macht sie zu Ableitungen sehr geschickt, wie für Wortvergleichungen keine Worter so brauchbar sind, als die kurzen Chinesischen, weil man bloss einen Vocal nicht zu berücksichtigen und einen Consonanten in einen andern zu verwandeln braucht, um nach Belieben Finnisch, Koptisch und Irokesisch daraus zu machen. Den Gipfel der Agglutinationstheorie erreichen wir aber in der Ableitung des einfachen Augments vom *a privativum*. Unter allen wunderlichen Eigenschaften, womit man die urweltlichen Menschen begabt hat, ist diese Logik die merkwürdigste, dass sie statt zu sagen: i c h s a h, gesagt haben: i c h s e h e n i c h t. Auf die Pädagogik angewandt würde diese Verfahrungs-Art so ausgedrückt werden müssen: Fange die Erziehung deiner Kinder damit an, ihnen den Kopf abzuschlagen. Ein Verbum wird erst um seine Bedeutung gebracht, um alsdann eine neue Form daraus bilden zu können.«

Diese L a s s e n 'sche Recension erregte bei B o p p 's Freunden grosse Entrüstung, aber sie hatte keine nachhaltige Wirkung, weil sie es an positiven Aufstellungen fehlen liess, welche B o p p 's Agglutinationstheorie hätten ersetzen können. Auch später ist diese Lücke weder von A. W. v. S c h l e g e l noch von einem seiner Anhänger öffentlich ausgefüllt worden. So gerieth die S c h l e g e l'sche Opposition allmählich in Vergessenheit, B o p p 's Theorieen behaupteten ungestört das Feld. Erst in W e s t p h a l 's grammatischen Arbeiten hat die S c h l e g e l'sche Ansicht eine Art von Nachblüte erlebt. Von ihnen wird weiter unten die Rede sein.

Hiernach ist der Einfluss S c h l e g e l 's auf die Sprachvergleichung nicht gerade ein direct fördernder gewesen. Aber indirect hat er nicht unbeträchtlich gewirkt. Indem S c h l e g e l den Sanskritstudien einen mächtigen Impuls gegeben hat, gebührt ihm ein Theil des Dankes, den die Sprachvergleichung der Sanskritphilologie schuldet.

Mächtig und unmittelbar aber war die Einwirkung von J a k o b G r i m m. J a k o b G r i m m steht völlig selbständig neben B o p p. Als der erste Band der deutschen Grammatik herauskam, 1819, war von B o p p nicht mehr als das Conjugationssystem und eine Recension von F o r s t e r 's Sanskritgrammatik in den Heidelberger Jahrbb. erschienen. Beides hat Grimm angeführt und benutzt, aber das ganze Gerüste seiner Grammatik stammt aus der vor-B o p p i s c h e n Periode.

Worin G r i m m 's epochemachende Leistung besteht, können
wir von ihm selbst erfahren: »Von dem Gedanken — so sagt
er in der Vorrede zu der ersten Ausgabe seiner Grammatik —
eine historische Grammatik der deutschen Sprache zu unternehmen, sollte sie auch als erster Versuch von zukünftigen
Schriften bald übertroffen werden, bin ich lebhaft ergriffen
worden. Bei sorgsamem Lesen altdeutscher Quellen entdeckte
ich täglich Formen und Vollkommenheiten, um die wir Griechen und Römer zu neiden pflegen, wenn wir die Beschaffenheit unserer jetzigen Sprache erwägen; Spuren, die noch in
dieser trümmerhaft und gleichsam versteinert stehen geblieben, wurden mir allmählich deutlich und die Übergänge gelöst wenn das Neue sich zu dem Mitteln reihen konnte und
das Mittele dem Alten die Hand bot. Zugleich aber zeigten
sich die überraschendsten Ähnlichkeiten zwischen allen ver-
schwisterten Mundarten und noch ganz übersehene Verhältnisse ihrer Abweichungen. Diese fortschreitende unaufhörliche
Verbindung bis in das Einzelnste zu ergründen und darzustellen schien von grosser Wichtigkeit; die Ausführung des
Planes habe ich mir so vollständig gedacht, dass, was ich
gegenwärtig zu leisten vermag, weit dahinten bleibt.« Längst
hat das Urtheil der Kenner, diesen Worten sich anschliessend,
die Verdienste G r i m m 's in den Satz zusammengefasst:
G r i m m ist der Schöpfer der historischen Grammatik. Die
deutsche Grammatik wirkte mächtig auf die Zeitgenossen.
Zunächst imponirte die unsägliche Fülle des Stoffes, womit
verglichen die schülerhaften »Regeln« der griechischen und
lateinischen Grammatik gar armselig erschienen. Erst aus
G r i m m 's Grammatik haben wir gelernt, dass zur Gewinnung
eines Gesetzes vollständige Induction nöthig sei. Sodann er-
höhte seine Behandlung die Achtung vor dem was man den
Naturzustand der Sprache nennen kann, sie sicherte z. B. den
sogenannten Dialecten neben der Schriftsprache ihre gehörige
Stellung, nicht bloss im Gebiete des Deutschen, sondern auch
anderer Sprachen, wie man aus den Worten von A h r e n s ab-
nehmen kann, der in der Widmung seines Werkes über die
griechischen Dialecte dankbar des Mannes gedenkt, qui con-
spicuo Grammaticae Diutiscae exemplo docuit, dialectorum
secundum aetates vel stirpes diversarum diligenti et sagaci
comparatione quam possit in secreta linguarum penetrari.
Auf die Sprachforscher wirkte besonders das im Wesentlichen
schon von R a s k ausgesprochene unter G r i m m 's Namen

gehende sogenannte Gesetz der Lautverschiebung. Während Bopp's Forschung hauptsächlich auf Vergleichung und Erklärung der Formen ausging, so dass in seiner Darstellung die Wichtigkeit der Lautbeobachtungen noch zurücktrat, stellten Rask und Grimm durch das Gesetz der Lautverschiebung die Thatsache fest, dass die Übergänge der Laute, oder wie man damals sagte, der Buchstaben ineinander nach Gesetzen erfolgen, insbesondere dass zwischen den Lauten des Deutschen einerseits und der classischen Sprachen andrerseits ein festes historisches Verhältniss zu beobachten ist. Wie einflussreich die Entdeckung des Gesetzes der Lautverschiebung geworden ist, darüber wollen wir uns von dem Schöpfer der Lautlehre der indogermanischen Sprachen, von A. F. Pott belehren lassen: »Es ist unter J. Grimm's hohen Verdiensten um besondere und allgemeine Sprachkunde gewiss keines der geringsten, den Buchstaben ihre bisher in der Sprachwissenschaft geschmälerten, natürlichen Rechte zurückgegeben und dieselben zu der gleichstufigen Stellung erhoben zu haben, welche sie in der Sprache selbst einnehmen. Grimm's geschichtliche Darlegung der Lautumwandlungen in den Germanischen Sprachen hat allein mehr Werth, als manche philosophische Sprachlehre voll einseitiger oder nichtiger Abstractionen: aus ihr geht zur Genüge hervor, dass der Buchstabe, als das handgreifliche, als das freilich auch nicht beständige, aber doch in ruhigerem Gleise sich bewegende Sprachelement im Ganzen genommen ein sicherer (sic) Faden im dunklen Labyrinthe der Etymologie ist als die oft kühn umherspringende Wortbedeutung; aus ihr, dass die Sprachforschung, insbesondere die vergleichende, ohne genaue geschichtliche Kenntniss vom Buchstaben des festen Haltes entbehrt; sie endlich zeigt mit Erstaunen erregender Klarheit, dass selbst im blossen Buchstaben nicht — wie auch sonst nirgends in der Sprache der Fall ist, wohl aber die bequeme Unwissenheit es sich gern träumen lässt — die Gesetzlosigkeit frecher Willkür herrscht, sondern vernünftige Freiheit, d. h. Einschränkung durch selbsteigene in der Natur der Laute begründete Gesetze« (Etym. Forsch. I, XII).

Vielleicht ist das Urtheil begründet, dass ausser Bopp niemand einen solchen Einfluss auf die Sprachvergleichung ausgeübt hat, wie Jakob Grimm (obgleich er nie ein Sprachvergleicher im Bopp'schen Sinne gewesen ist, und nicht immer aus den Arbeiten Bopp's die Belehrung gezogen hat, welche sie ihm hätten gewähren können); jedenfalls darf man behaupten, dass er die unschätzbaren Gaben, welche der germanischen Grammatik von Bopp zuflossen, durch die würdigsten Gegengaben erwidert hat.

Die ungeheure Wichtigkeit der von Bopp und Grimm begonnenen Forschungen konnte den Zeitgenossen nicht verborgen bleiben, denn in der That kann man — wie Corssen sich später einmal ausdrückte — ebenso gut dem Sonnenlicht seine Anerkennung versagen, wie den Hauptresultaten der vergleichenden Sprachforschung. Aber die Consequenzen, namentlich so weit die Umgestaltung der classischen Studien in Frage kam, wurden doch nur langsam gezogen. Ausgezeichnete Forscher wie Buttmann arbeiteten auf ihrem Grundstück weiter, ohne über den Zaun zum Nachbar zu blicken, der eben eine neue und bessere Methode der Bewirthschaftung erfunden hatte, und Pädagogen, die sich zu Wächtern der bestehenden Ordnung berufen fühlten, klagten über die Jünglinge, welche Alles bisher für wahr gehaltene umzugestalten sich unterfingen, aus deren Arbeiten aber für die griechische und lateinische Grammatik schliesslich doch nichts anderes herausspringe, als der »ewige Locativus« (Allgemeine Schulzeitung, Juli 1833). Alle diese aus Bequemlichkeit oder Vorurtheil Zurückbleibenden hatten einen schweren Stand gegenüber den stürmischen Angriffen des Mannes, der nach übereinstimmendem Urtheil als der hervorragendste von Bopp's Nachfolgern gepriesen wird, August Friedrich Pott, durch dessen grosses Werk: »Etymologische Forschungen auf dem Gebiete der Indogermanischen Sprachen mit besonderem Bezug auf die Lautumwandlung im Sanskrit, Griechischen, Lateinischen, Littauischen und Gothischen« Lemgo 1833—1836 die wissenschaftliche Lautlehre begründet worden ist.

Pott erkannte, dass nach den Arbeiten von Bopp und Grimm nunmehr in der Lautlehre ein sicherer Schlüssel zur Etymologie gefunden werden müsse (s. die interessante Stelle Etym. Forsch. 2, 349), und die competenten Richter haben geurtheilt, dass Pott zu der Lösung dieser Aufgabe (soweit bei Aufgaben, die der Natur der Sache nach endlos sind, von einer Lösung geredet werden kann) in hervorragendem Masse befähigt war. Er zeigte sich, wie Renan es ausgedrückt hat, als un esprit à la fois sévère et hardi, ebenso reich mit combi-

natorischer Phantasie, wie mit controlirendem Urtheil ausge-
stattet. Ihm wird nicht nur eine sehr grosse Anzahl der für
richtig geltenden Etymologieen verdankt, sondern auch die
ersten Lautvergleichungstabellen, die sich auf den ganzen
Umfang der verglichenen Sprachen erstrecken. Die Zukunft
wird wie ich glaube urtheilen, dass Pott bisweilen, von seiner
Phantasie verleitet, sich gewaltsame Annahmen gestattet hat
(so namentlich in Bezug auf die Zerlegung von Wurzeln, ein
Punkt, in dem ihn Curtius siegreich bekämpft hat), aber dass
im Grossen und Ganzen gesprochen, er mehr als ein anderer
Mann zur Gewinnung fester Gesetze für die Lautübergänge
beigetragen hat, und wird in Folge dessen Pott's Etymologische Forschungen zu den Grundwerken der vergleichenden
Grammatik rechnen, denen neben den Arbeiten von Bopp
und Grimm der nächste Platz gebührt. Was die Frage der
Entstehung der Flexionsformen betrifft, so schliesst Pott sich
an Bopp an, indem er urtheilt Bopp habe die Flexion so
durchsichtig und klar gemacht, dass man, einige noch unge-
löste kleinere Schwierigeiten abgerechnet, deren Natur und
Wesen hinreichend etymologisch begreife und erkenne (2, 364).
Er findet also ebenso wie Bopp in der Flexion das Princip
der Zusammensetzung hauptsächlich wirksam, ohne indessen
daneben die symbolische Erklärung gänzlich zu verwerfen.
»Die Sprachbezeichnung — so drückt er sich aus — ist entweder symbolisch oder kyriologisch. In der Declination ist
die Motion und Geschlechtsbezeichnung häufig symbolisch, die
Casualisation und Numeralisation dagegen meistens kyriologisch« (2, 621). Die Flexionsendungen des Verbums fasst er
im Wesentlichen ebenso wie Bopp auf, doch verdient bemerkt zu werden, dass er das *n* in der dritten Pluralis auf *anti*
nicht wie dieser symbolisch erklärt wissen will, sondern als
einen Pronominalstamm ansieht (was später auch Schleicher
that) und dass er die erste Plur. *masi* als entstanden aus »ich«
und »du« deutete (2, 710). Er ist also ebenso entschieden Anhänger der Erklärung durch Agglutination wie Bopp, wenn
er auch, wie wir später sehen werden, die sprachhistorischen
Consequenzen aus der Bopp schen Theorie abweisen möchte.

Neben und nach Pott ist vor Allem Theodor Benfey
zu nennen, der, im Ganzen ein Anhänger von Bopp, schon
in den ersten Jahren seines Auftretens eine selbständige Thätigkeit nach verschiedenen Seiten hin wendete. Sein griechisches Wurzellexikon. Berlin 1839, der Vorläufer einer im

grössten Stile gedachten, später nicht weiter ausgeführten
griechischen Grammatik, zeigte bei einer erstaunlichen Fülle
des Inhaltes die reichste Combinationsgabe, kann aber in Bezug auf die Auffassung der Lautveränderungen nicht als ein
Fortschritt gegenüber dem Bopp'schen Standpunkte bezeichnet werden. Seine Theorie über die primären Verba, welche
er an Stelle dessen was man sonst Wurzel nennt, setzen
möchte und über die Ableitung der stammbildenden Suffixe
wird uns weiter unten beschäftigen, wogegen schon hier das
grosse Verdienst hervorgehoben werden mag, das Benfey
sich durch seine Arbeiten auf dem Gebiet der indischen Philologie, insbesondere durch seine Ausgabe des Sāmaveda, Leipzig
1848, erworben hat. Sein Glossar zum Sāmaveda brachte den
Sprachforschern zum ersten Mal zuverlässiges Material aus der
vedischen Sprache zu bequemer Benutzung dar, und hat auf
das etymologische Studium den heilsamsten Einfluss ausgeübt.

Diese Notiz über ein im Jahre 1848 erschienenes Buch
greift im Grunde schon in die nächste Periode über, deren
Darstellung sich in anderen Formen als bisher zulässig war,
bewegen muss. Denn in der Zeit, die nunmehr wenn nicht
zu schildern doch zu erwähnen sein wird, tritt eine grosse Anzahl von Gelehrten auf, deren Thätigkeit sich derartig ver-
schlingt, dass es gerathen sein wird, die Darstellung nicht
mehr nach den Persönlichkeiten, sondern nach den zu Tage
tretenden Richtungen und Strebungen zu gliedern. Nur
Schleicher, der einen Theil dieser Bestrebungen zusammen-
fasst und zu einem gewissen Abschluss bringt, wird wieder
eine Schilderung für sich in Anspruch nehmen können.
    In der Periode zwischen Pott's Etymologischen For-
schungen und Schleicher's Compendium ist — was zunächst unsere Aufmerksamkeit auf sich ziehen muss — eine
sehr bedeutende Erweiterung unserer Kenntnisse eingetreten.
Vielleicht war keine Erweiterung für die Sprachwissenschaft
folgenreicher, als die auf dem indischen Gebiet vollzogene.
Die Aufschliessung der indischen Literatur ist in der Art er-
folgt, dass uns zuerst das indische Mittelalter entgegentrat,
hinter dem dann erst später, als etwa von dem Jahre 1840 an
die vedischen Studien aufzublühen anfingen, das indische
Alterthum emportauchte. Durch die Arbeiten von Rosen,
Roth, Benfey, Westergaard, Müller, Kuhn, Auf-

recht u. a. wurde in verhältnissmässig kurzer Zeit eine Fülle neuen und zuverlässigen Stoffes den Etymologen zugeführt, die bis dahin mit indischen lexikalischen Hülfsmitteln nur verhältnissmässig schlecht versehen waren. Das Lexikon von Wilson (über welches neben dem Artikel Schlegel's in der Indischen Bibliothek 1, 295 ff. das Vorwort von Böhtlingk und Roth zu dem ersten Bande ihres Wörterbuchs nachzulesen ist) war alles eher als ein historisch angeordnetes Lexikon, und die indischen Wurzelverzeichnisse sind ein Hülfsmittel, das eigenthümliche Gefahren in sich birgt. Selbst wenn wir annehmen könnten, dass die Verzeichnisse, welche die indischen Grammatiker aufgestellt haben, völlig correct angefertigt oder überliefert wären, würden sie zu etymologischen Vergleichungen nur mit Reserve zu benutzen sein, denn die Art wie jene indischen Gelehrten die Bedeutungen angeben ist eine andere als die uns geläufige. Wenn sie zu einer Wurzel den Localis eines Substantivums zur Bestimmung ihres Sinnes hinzufügen, so wollen sie damit nicht immer den individuellen Sinn, sondern oft nur die allgemeine Bedeutungs-Kategorie angeben, unter die ein Verbum fällt. Darum warnte der kritische Herausgeber dieser Verzeichnisse (Westergaard, Radices linguae sanscritae Bonn 1841) vor allzu vertrauensvoller Benutzung: »Ceterum puto cavendum esse, ne illa grammaticorum de potestate radicum decreta nimis urgeantur, nam illis nihil vagius, nihil magis dubium et ambiguum esse potest; sic, ut unum modo exemplum afferam, vocula quae *gatau* est, unumquemque motum ut eundi, currendi, volandi etc. indicat, quin etiam exprimit mutationem, quam subit lac coagulando, et nescio quam multas alias.« Aber auch die eben gemachte Annahme trifft nicht zu. Die Wurzeln sind natürlich nicht alle correct aufgestellt. Wir dürfen also, wenn wir vorsichtig verfahren wollen, einer Wurzel nicht eher trauen, als bis sie in der Literatur belegt ist (und sehr viele sind das nicht), es sei denn, dass sich ein Grund ermitteln lässt, warum eine Wurzel naturgemäss in der Schriftsprache fehlt, wie das z. B. bei *pard* gleich πέρδομαι der Fall ist. Sie sind aber ausserdem nicht correct überliefert, sondern allen den Unbilden ausgesetzt gewesen, welche die Zeit an literarischen Produkten zu verüben pflegt. Und die Verderbung hat nicht bloss die Wurzeln getroffen (wie denn Westergaard S. IX nicht weniger als 130 Wurzeln anführt, die bei seinen Vorgängern irrthümlich figurirten und zum Theil zu Vergleichungen

gebraucht worden waren), sondern auch die Bedeutungs-
angaben. Man sieht wie viel Veranlassung zum Irrthum vorhanden war, und in der That ist auch durch etymologische
Ausnutzung unbelegter Wurzeln und irrthümlich angenom-
mener Bedeutungen viel gesündigt worden. Dass dieser Quell
des Irrthums jetzt verstopft ist, verdanken wir den Arbeiten
der oben genannten Männer, in erster Linie aber dem Sanskrit-
Wörterbuch von Böhtlingk und Roth, diesem unvergleich-
lichen Meisterwerke, das für die Sprachforschung beinahe
ebenso epochemachend geworden ist, wie für die Sanskritphilologie.

Neben dem Sanskrit hat namentlich das Litu-Slavische
und Keltische (von dem Pott Etym. Forsch. 2, 478 noch annahm, dass es einem andern als dem indogermanischen Stamm
angehöre, sich aber in vorhistorischer Zeit mit ihm vermischt
habe) Anbau und Bearbeitung gefunden. Doch darf man wohl
sagen, dass in der Zeit, die uns hier beschäftigt, das Sanskrit,
die klassischen Sprachen und das Germanische stets so zu
sagen die leitende Stellung eingenommen haben.

Ausser der Erweiterung der Kenntnisse erscheint die Stellung zu den Lautgesetzen charakteristisch. Was ich meine
wird gut verdeutlicht durch eine Stelle aus Curtius' Bemerkungen über die Tragweite der Lautgesetze (Berichte der phil.-
histor. Classe der Königl. Sächs. Gesellschaft der Wissenschaften 1870) welche so lautet: »Nach den ersten kühnen
Anläufen der Begründer unserer Wlssenschaft erkannte sich
seit den vierziger Jahren ein jüngeres Geschlecht an der
Losung: strengste Beobachtung der Lautgesetze. Der Miss-
brauch, welcher selbst von verdienten Forschern mit der Annahme von Schwächungen, Entartungen, Abwerfungen u. s. w.
getrieben worden war, hatte ein wohlbegründetes Misstrauen
hervorgerufen, das zu grösserer Schärfe und Zurückhaltung in
dieser Beziehung führen musste. Die Folgen der in diesem
Sinne strengeren Richtung sind, das darf man wohl sagen,
wohlthätig gewesen. Genauere Beobachtung der Lautübergänge und ihrer Anlässe, sorgfältigere Sonderung der einzelnen Sprachen, Sprachperioden und Sprachvarietäten von einander, bestimmtere Einsicht in die Entstehung vieler Laute
und Lautgruppen wurden erreicht. Wir sehen in dieser Hinsicht bedeutend weiter und klarer als vor zwanzig Jahren,
was sich am deutlichsten daran ermessen lässt, dass manche

früher ausgesprochene luftige Behauptung selbst von denen als unmöglich erkannt ist, die sie zuerst aufgestellt haben.«

Als besonders wichtig muss endlich das Bestreben, die einzelnen Sprachen strenger von einander zu sondern, hervorgehoben werden. Bopp machte sich kein Gewissen daraus, einen im Lateinischen behaupteten Lautwechsel durch einen Hinweis auf das Armenische zu begründen. Diese Freiheit sollte von nun an nicht mehr gestattet sein. Jede einzelne Sprache sollte nach ihren Eigenthümlichkeiten erkannt werden. In dieser Richtung wirkten mächtig die Arbeiten von Georg Curtius (von dessen Bemühungen auf dem allgemein-indogermanischen Gebiete noch weiter unten die Rede sein wird), seine Untersuchungen über die Bildung der Tempora und Modi im Griechischen und Lateinischen, und seine Grundzüge der griechischen Etymologie. Es war die Absicht dieses Buches den sicheren Gewinn, welchen die Sprachvergleichung der griechischen Etymologie gebracht habe, zu verzeichnen, und diese Aufgabe ist — um es mit Ascoli's Worten zu sagen — mit jener Meisterschaft in positiver schaffender Kritik gelöst worden, die den Verfasser auszeichnet. Nicht so glücklich war Corssen auf dem italischen Gebiete. Mit Recht tadelte Benfey (Orient und Occident 1, 230 ff.) die individualisirende Manier dieses Forschers, dessen Betrachtungsweise dahin führen musste, auch dasjenige im Italischen als individuell anzusehen, was sicher schon der indogermanischen Grundsprache angehört hat. Doch wird man nicht leugnen können, dass Corssen namentlich durch die erste Auflage seines Werkes, in welcher die Vergleichung nicht so stark hervortritt, sich um bessere Erkenntniss des Italischen erhebliche Verdienste erworben hat (vgl. darüber das treffende Urtheil von Ascoli Kritische Studien S. IX).

Eine Reihe der Bestrebungen dieser Zeit (nicht alle, denn z. B. die Schule von Benfey ist stets ihre eigenen Wege gegangen) findet eine Art von Zusammenfassung in August Schleichers Compendium. Ich halte es desswegen für angemessen, nunmehr Schleicher eine etwas eingehendere Betrachtung zu widmen.

Drittes Kapitel.

August Schleicher.

Schon bei der ersten Bekanntschaft mit den Arbeiten August Schleichers (geb. 1821, gest. 1868) drängt sich die Beobachtung auf, dass auf diesen Gelehrten von zwei Wissensgebieten aus, die ausserhalb der Sprachwissenschaft stehen, ein von ihm selbst anerkannter Einfluss geübt worden ist, nämlich von der Hegel'schen Philosophie, der er in jüngeren Jahren anhing, und der modernen Naturwissenschaft, für die er namentlich in der letzten Zeit seines Lebens eine warme, ja leidenschaftliche Vorliebe gezeigt hat[1]. Versuchen wir, ehe wir Schleicher in das Detail seiner Untersuchungen folgen, die Art und Stärke dieser Einflüsse im Allgemeinen zu bestimmen.

Sofort in der Einleitung zu seinem ersten grösseren Werke, den sprachvergleichenden Untersuchungen (Bonn 1848) zeigt sich Schleicher als ein Anhänger Hegel's, wie aus einer Übersicht über die dort ausgesprochenen Gedanken hervorgeht. Die Sprache — so wird dort ausgeführt — geht auf in Bedeutung und Beziehung. Die erstere ist enthalten in der Wurzel, die Beziehung in den Bildungssilben. Darum kann es drei und nur drei Classen von Sprachen geben. Entweder wird die Bedeutung allein bezeichnet, das geschieht in den isolirenden Sprachen. Oder der Beziehungslaut wird an den Bedeutungslaut angefügt, das geschieht in den agglutinirenden Sprachen. Oder endlich Bedeutungs- und Beziehungslaut bilden die innigste Einheit — in den flectirenden Sprachen. Ein Viertes ist nicht möglich, weil der Beziehungslaut allein nicht bestehen kann. Den drei hiermit charakterisirten Momenten des Systems nun müssen drei Perioden der Entwicklung entsprechen. Man wird also zu der Annahme getrieben, dass die isolirenden Sprachen die älteste Form repräsentiren, dass aus ihnen die agglutinirenden entstanden, und aus diesen die flectirenden, so dass die letzte Stufe die beiden vorhergehenden aufgehoben in sich enthält. Aber mit

---

1) Wenn auch die Neigung dazu schon früh hervortritt, vgl. Formenlehre der kirchensl. Sprache. Vorrede S. VI Anm.

dieser theoretischen Construction — so argumentirt Schleicher weiter — steht unsere Erfahrung nicht in Einklang,
denn wir finden die Sprachen, welche in den Kreis unserer
Erfahrung treten, nicht in der Entwickelung, sondern in der
Zersetzung begriffen, es entstehen nicht vor unseren Augen
höhere Formen, sondern die bestehenden lösen sich auf. Da
nun aber sowohl die philosophische Construction, als das Resultat der Beobachtung zu Recht bestehen muss, so ergiebt
sich als nothwendige Folgerung, dass die beiden Processe von
denen die Rede ist, in verschiedene Zeiten gelegt werden
müssen. In der vorgeschichtlichen Zeit haben sich die Sprachen gebildet, in der geschichtlichen vergehen sie. Sprach-
bildung und Geschichtsbildung sind Thätigkeiten des menschlichen Geistes, die sich gegenseitig ausschliessen.

So weit in gedrängter Wiedergabe das Raisonnement
Schleichers, das auch in späteren Arbeiten ganz oder
theilweise wiederkehrt, und auch von der naturwissenschaftlichen Strömung, die in der letzten Zeit in ihm mächtig
wurde, nicht ganz weggeführt worden ist.

Es ist hier nicht der Ort, in eine Kritik dieser Ansichten
einzutreten, deren Schwäche ohnehin heute Niemandem ent-
geht, wohl aber ist es von Interesse die Frage zu beantworten,
inwieweit Schleicher sich von Hegel abhängig zeigt. In
materialibus ist offenbar die Abhängigkeit gering. Die Eintheilung zunächst der Sprachen in die genannten drei Gruppen stammt nicht aus Hegel, sondern aus der Erfahrung.
Schleicher hatte sie sich an der Hand von Friedrich
Schlegel und Wilhelm v. Humboldt erarbeitet (vgl.
Beiträge von Kuhn und Schleicher 1, 3, Anm.). Die Meinung ferner, dass die Fléxion aus Zusammensetzung entstanden sei, war eine Consequenz der Bopp'schen Formanalyse,
welcher Schleicher sich im Grossen und Ganzen anschloss,
und sodann die Theorie, dass wir die Sprachen (wenigstens
die indogermanischen) nur im Zustande des Verfalles beobachten können, stammt ebenfalls von Bopp. So kann man
dann den sachlichen Einfluss Hegel's nur etwa in dem Auf-
nehmen jener Meinung finden, dass in der Entwicklung der
Menschheit eine vorgeschichtliche Periode, in welcher der
Geist noch träumerisch gebunden war, und eine geschichtliche, in welcher er zur Freiheit erwacht, zu unterscheiden sei.
Die Zerfällung der Entwicklung des Menschengeschlechts in
eine vorgeschichtliche und eine geschichtliche Periode (wobei

der vorgeschichtlichen Periode die Ausbildung der Sprache zufällt) hat Schleicher stets beibehalten, und es ist nicht unwahrscheinlich, dass diese Anschauungsweise ihm durch Hegel zugeführt worden sei.

Während somit das Gedankenmaterial, das man als hegelisch in Anspruch nehmen könnte, bei Schleicher nicht gross ist, ist in der genannten Jugendarbeit in der Formung der Gedanken und dem Aufbau der Beweisführung der Hegel'sche Ductus unverkennbar. Dieser Ductus verlor sich bei Schleicher mit zunehmender Reife, indess kann man ihn auch in späteren Arbeiten noch durchfühlen, und namentlich an der Terminologie noch hier und da nachweisen.

Als Summe ergiebt sich, dass der Einfluss der Hegel-schen Philosophie auf Schleicher nur ein mässiger und ziemlich äusserlicher gewesen ist.

Zu den Naturwissenschaften verhielt sich Schleicher anders als die meisten Philologen, insofern als er wirklich viel davon verstand. Namentlich war er in der Botanik bewandert. Wie Naturforscher, die ihn gekannt haben, erzählen, war er wegen seiner trefflichen Präparate für das Mikroskop ebenso berühmt, wie durch gewisse Erzeugnisse seiner gärtnerischen Kunst. Diese Studien und Liebhabereien gewannen mit den Jahren einen immer grösseren Einfluss auf seine sprachwissenschaftlichen Anschauungen. Wenn er, in seinem geliebten Garten auf und ab wandelnd, Formen der Sprache analysirte, so mochte ihm oft der Gedanke kommen, dass wer Formen und wer Pflanzen zerlegt im Grunde dasselbe Geschäft treibe, und wenn er die Gesetzmässigkeit der sprachlichen Entwicklung erwog, welche klar zu legen sein ernstestes Bestreben war, so erschien ihm die Vorstellung sehr natürlich, dass die Sprache nichts Anderes sei als ein Naturwesen. Diese Eindrücke und Gedanken gestalteten sich in seinem systematisirenden Geiste zu einer ernsthaften Lehre, deren Hauptsätze die folgenden sind: Die Sprache ist ein Naturorganismus, sie lebt wie die anderen Organismen, wenn sie auch nicht wie der Mensch handelt. Die Wissenschaft von diesem Organismus gehört zu den Naturwissenschaften, und die Methode, mittels deren die betrieben werden muss, ist die naturwissenschaftliche. Schleicher legte auf diese Sätze hohen Werth, und ich möchte behaupten, dass, wenn man ihn in seinen letzten Jahren gefragt hätte, worin nach seiner eigenen Meinung sein wissenschaft-

liches Verdienst bestehe, er geantwortet haben würde, es bestehe in der Anwendung der naturwissenschaftlichen Methode
auf die Sprachwissenschaft. Das Urtheil des grössten Theiles
der Mitwelt war ein anderes, und jetzt ist man wohl ziemlich
einig darüber, dass jene drei Schleicher'schen Sätze nicht
gebilligt werden können. Den Ausdruck Organismus hatte
schon Bopp auf die Sprache angewandt, er hatte aber damit
nichts anderes sagen wollen, als dass die Sprache kein willkürliches Gemächte sei. Ein solches Bild mag man gelten
lassen, wenn man aber mit dem Bilde Ernst machen will, tritt
der Widerspruch hervor. Die Sprache ist nun doch einmal
kein Wesen, sondern Äusserung von Wesen, sie ist also, wenn
in der Sprache der Naturwissenschaften geredet werden soll,
nicht ein Organismus, sondern eine Function. Auch die Ein-
reihung der Sprachwissenschaft unter die Naturwissenschaften
wird sich schwerlich durchsetzen lassen. Da die Sprache etwas
ist, was in der menschlichen Gesellschaft erscheint, so gehört
die Wissenschaft der Sprache nicht zu den Naturwissenschaften, wenigstens wenn man dieses Wort in dem hergebrachten
technischen Sinne auch weiter anwenden will. Und was endlich die Methode betrifft, so steht wie mir scheint fest, dass es
eine für alle Naturwissenschaften geltende gleiche Methode
nicht giebt. Für einen Theil der Naturwissenschaften ist die
Anwendung der Mathematik, für einen andern das Experiment,
für einen dritten endlich, wohin z. B. die Biologie gehört, das
sogenannte genetische Verfahren bezeichnend. Und mit diesem hat die sprachwissenschaftliche Methode allerdings Aehn-
lichkeit, insofern die Objecte beider Wissenschaften solche
sind, deren geschichtliches Werden man zu begreifen sucht.

Indessen es ist nicht meine Absicht, mich auf eine eingehendere Kritik dieser Ansichten einzulassen. Denn für
meinen augenblicklichen Zweck liegt nicht die Aufgabe vor,
zu zeigen ob Schleicher's Ansichten richtig oder falsch
sind, sondern wie sie in ihm entstanden sind und gewirkt
haben.

Es lässt sich nicht verkennen, dass die Liebhaberei für
die Naturwissenschaft in Schleicher's Hauptwerken deut-
lichere Spuren zurückgelassen hat, als der Hegelianismus.
Wie tief aber im Einzelnen diese Einflüsse gewesen sind, kann
nur aus der Betrachtung des Details ermittelt werden. Ich
wende mich desshalb nunmehr zu einer räsonnirenden Über-

sicht über Schleicher's sprachwissenschaftliche Leistungen
und Ansichten.

Den ersten Arbeiten Schleicher's merkt man die philosophische Atmosphäre, aus der sie hervorgegangen sind, noch
deutlich an, insofern sie nicht sowohl eingehende Detailuntersuchungen als vielmehr eine systematische Übersicht über ein
weites Gebiet bezwecken. Denn seine »sprachvergleichenden
Untersuchungen« verfolgen in ihrem ersten Theile gewisse
Einwirkungen des *j* (den sogenannten Zetacismus) durch
möglichst viele Sprachen und geben im zweiten Theil (den
»Sprachen Europa's«) den Abriss eines Systems der Linguistik.
Ganz ähnlichen Charakter trägt auch eine weit spätere Arbeit,
»die Unterscheidung von Nomen und Verbum in der lautlichen
Form« (Sächs. Ges. d. Wiss. Leipzig 1865). Indess begann
Schleicher schon früh sich neben diesen allgemeinen
Studien ein Specialgebiet zu eigen zu machen, die slavischen
Sprachen, und auf diesem Gebiet hat er sich Verdienste erworben, die kein Wandel der Zeiten und Ansichten ihm wird
streitig machen können. Schleicher steht neben Miklo-
sich etwa so wie auf dem germanischen Gebiete Bopp neben
Grimm. Er hat mehr als irgend jemand sonst dazu beigetragen, die slavischen Sprachen durch das Licht der Vergleichung zu erhellen. Ganz neuen Stoff hat er der Wissenschaft
durch seine litauischen Studien zugänglich gemacht, indem
er die litauischen Formen an Ort und Stelle wie ein Botaniker
sammelte und in dem Herbarium seiner Grammatik für alle
Zeiten aufbewahrte. Durch die Pflichten des akademischen
Berufs (in Bonn, Prag, Jena) ward er veranlasst auch den
übrigen indogermanischen Sprachen seine stetige Aufmerksamkeit zu widmen, und war somit in der denkbar vielseitigsten
Weise auf das Hauptwerk seines Lebens vorbereitet, das Compendium der vergleichenden Grammatik der indogermanischen
Sprachen (Weimar 1861), welches, da ein früher Tod ihn von
weiteren grossen Plänen abrief, uns zugleich als die Krönung
seiner ganzen Wirksamkeit gelten muss.

Schleicher's Compendium steht als der Abschluss
einer Periode in der Geschichte der Sprachwissenschaft den
einleitenden Arbeiten Bopp's gegenüber. Darum ist denn
auch der Totaleindruck, den die vergleichende Grammatik
einerseits und das Compendium andererseits hervorbringen,
so ausserordentlich verschieden. Bopp musste die wesentliche Gleichheit der indogermanischen Sprachen beweisen,

Schleicher setzte sie als bewiesen voraus, Bopp erobert, Schleicher organisirt. Bopp wendete seine Aufmerksamkeit vorzüglich auf dasjenige, was allen indogermanischen Sprachen gemeinsam ist, für Schleicher ergab sich die Aufgabe, die einzelnen indogermanischen Sprachen auf dem gemeinsamen Hintergrunde hervortreten zu lassen. Desshalb ist die vergleichende Grammatik eine zusammenhängende Schilderung, während das Compendium ohne grosse Mühe in eine Anzahl von Einzelgrammatiken auseinandergenommen werden könnte. Der Verfasser der Grammatik giebt der Darstellung des Einzelnen überwiegend die Form der Untersuchung, die er mit grosser natürlicher Anmuth handhabt, das Compendium dagegen bewegt sich fast nur in dem knappen und gleichförmigen Stil der Behauptung. Das ältere Werk lässt sich mit der Darstellung eines interessanten Processes vergleichen, das jüngere mit den Paragraphen einer Gesetzsammlung.

Weniger stark tritt die Verschiedenheit hervor, wenn man die in den beiden Büchern niedergelegten Ansichten mit einander vergleicht. Was zunächst die Bopp'sche Theorie über die Entstehung der Flexion betrifft, so hat Schleicher dieselbe im Wesentlichen angenommen, wenn auch anders formulirt. Wie dieser betrachtet er Wurzeln, deren unverbrüchliches Gesetz die Einsilbigkeit ist, als die constituirenden Elemente des Indogermanischen. Wie dieser unterscheidet er zwei Classen der Wurzeln (hält es aber, abweichend von Bopp, für wahrscheinlich, dass die sogenannten pronominalen Wurzeln aus den andern hervorgegangen seien). Wie dieser sieht er in den Stamm- und Wortbildungssuffixen angefügte Pronomina. Nur im Einzelnen weicht er ab. So hat er in der Erklärung der Medialendungen, bei der Bopp schwankte, sich mit Entschiedenheit für die Theorie der Zusammensetzung ausgesprochen, die er bis ins Einzelnste ausführte. In der Auffassung der Pluralendungen des Activs hat er sich Pott angeschlossen, das Element des Optativs findet er nicht in der Wurzel i oder i, sondern in der Pronominalwurzel ja (ohne sich freilich darüber auszusprechen, wie sich wohl unter dieser Annahme die Bedeutung des Optativs erkläre), in dem Conjunctiv, den Bopp noch nicht mit Sicherheit als besonderen Modus aufgefasst hatte, sah er die Pronominalwurzel a.

Eine sehr erhebliche Verschiedenheit freilich scheint in der Bestimmung des Begriffes der Flexion obzuwalten, die Schleicher Comp. §. 2 so definirt: »Im Vocalismus beruht

das Wesen der Flexion«. Diese zunächst sehr auffällig klin-
genden Worte sind folgendermassen zu verstehen: Schleicher erkennt zwei Classen von Sprachen an, in denen die
Formen durch Zusammensetzung entstehen, die agglutinirenden und die flectirenden. Das Eigenthümliche der letzteren
findet er darin, dass sie den Wurzelvocal zum Zwecke des Beziehungsausdrucks verändern können, so sei z. B. εἶμι aus ι
und μι zusammengesetzt und ι zum Zweck des Beziehungsausdrucks in ει verändert. Die flectirenden Sprachen haben
also das Princip der Zusammensetzung und ausserdem die
Fähigkeit, den Wurzelvocal in der angegebenen Weise zu verändern. In die Definition aber hat Schleicher nur diese
letztere unterscheidende Eigenschaft aufgenommen.

Man sieht leicht, dass in dieser Fassung der Definition
sich ein Rest der Schlegel'schen Auffassung der Flexion
verbirgt, der Schleicher in früherer Zeit näher stand, aber
der Rest ist seiner Bedeutung nach so geringfügig, dass man
trotzdem Schleicher mit Recht als Anhänger der Bopp'-
schen Agglutinationstheorie bezeichnen kann.

Auch darin stimmt Schleicher Bopp bei, dass er die
Fähigkeit, durch Agglutination neue Bildungen zu schaffen,
nicht auf die Urzeit beschränkte, sondern Zusammensetzungen
nach dem Princip der Ursprache auch in den Einzelsprachen
(z. B. bei dem lateinischen Perfectum) gelten liess.

Am grössten scheint die Verschiedenheit in der Lautlehre,
aber auch bei dieser nicht in den Principien. Principiell steht
Schleicher auf demselben Boden wie Bopp insofern er
wie dieser in den Lautveränderungen der Sprachen nicht Entwicklung sondern Verfall sieht, und wie dieser gelegentliche,
wenn auch viel seltenere Ausnahmen von den geltenden Lautgesetzen zugesteht.

Aber der graduelle Unterschied zwischen den beiden Laut-
lehren ist ein sehr erheblicher. Wie stattlich erscheint die
Schleicher'sche Lautlehre, welche die Hälfte des ganzen
Compendiums umfasst, gegenüber dem ziemlich dürftigen und
ungleichmässig gearbeiteten Capitel bei Bopp, welches den
Titel Schrift- und Lautsystem trägt! War es doch die Aufgabe
Schleicher's, die ganze Fülle von Detailuntersuchungen,
welche nach Bopp von Pott, Benfey, Kuhn, Curtius
u. a. unternommen worden waren, kritisch zu sichten und zu
verwerthen. In der Behandlung zeigen sich die schon oben
scizzirten Fortschritte. Den Verschiedenheiten der einzelnen

Sprachen ist Rechnung getragen, alle verwandten Fälle sind
sorgfältig zusammengestellt, und an dem Gewonnenen wird
die Wahrscheinlichkeit des einzelnen Falles ermessen. So hat
Schleicher eine grosse Reihe von sorgfältig erwogenen und
gut begründeten Lautgesetzen aufgestellt, die jedem Etymologen als Richtschnur zu dienen bestimmt waren, und un-
streitig hat er sich durch dieses Geschäft des Sichtens und
Ordnens ein sehr grosses Verdienst erworben.

Natürlich haben alle solche Gesetze nur einen provisori-
schen Werth. Denn da einleuchtende Etymologien das Material sind aus dem die Lautgesetze gezogen werden, und dieses
Material sich immer vermehren und verändern kann, so können
auch immer noch neue Lautgesetze erkannt oder alte umgestaltet werden. Schleicher selber freilich hat diesen Gedanken, dessen Richtigkeit uns die Erfahrung hinreichend bestätigt hat — denn wie viel Neues ist nicht allein von Fick
gefunden worden! — nicht hinreichend gewürdigt. Es hing
das, wie es scheint, damit zusammen, dass er selbst in seinem
systematisirenden Geiste jene combinatorische Phantasie nicht
spürte, welche zur Entdeckung neuer Etymologieen nothwendig ist, und desshalb den Werth des Etymologisirens überhaupt zu gering veranschlagte.

Somit ergiebt sich, dass in allen den bis jetzt besprochenen
wichtigen Punkten der Unterschied zwischen Bopp und
Schleicher nicht als ein principieller bezeichnet werden
werden kann. Es bleibt aber noch ein Punkt zurück, der
jedenfalls Schleicher's Originalität am meisten zur Anschauung bringt, ich meine die construirte indogermanische Ursprache, über die nunmehr zu handeln ist. Die
früheste Äusserung über diese Ursprache finde ich in der Vorrede zu der Formenlehre der kirchenslavischen Sprache, wo
es so heisst: »Bei dem vergleichen von sprachformen zweier
verwanten sprachen suche ich vor allem die verglichenen formen beide auf ire mutmaszliche grundform, d. i. die gestalt,
die sie abgesehen von den späteren lautgesetzen haben müssen, zurückzuführen oder doch überhaupt auf eine gleiche stufe
der lautverhältnisse zu bringen. da uns auch die ältesten sprachen unseres stammes, selbst das sanskrit, nicht in ihrer ältesten lautlichen gestaltung vorliegen, da ferner die verschiedenen sprachen in ser verschiedenen altersstufen bekant sind
so muss diese altersverschiedenheit nach tunlichkeit erst aufgehoben werden ehe verglichen werden kann. die gegebenen

grössen müssen erst auf einen gemeinsamen auszdruck gebracht werden, ehe sie zu einer gleichung angesetzt werden
können, sei dieser gleiche auszdruck der zu erschlieszende
älteste beider zusammengestellten sprachen oder die lautform
der einen derselben.« Hiernach kann also beim Vergleichen
zweier Sprachen entweder die Form einer Sprache auf die andere reducirt werden (z. B. slav. *pekąšta* auf ein skr. *pakant-
tjasja* s. a. a. O.) oder es können beide Formen auf eine gemeinsame Urform gebracht werden. Die erstere Methode ist in der
Praxis bei S c h l e i c h e r so viel ich sehe wenig zur Anwendung gekommen, dagegen die zweite enthält die Vorschrift für
die Bildung indogermanischer Grundformen, wenn man statt
Vergleichung zweier Sprachen die Worte Vergleichung aller
indogermanischen Sprachen einsetzt. Man ziehe bei einer in
allen Sprachen vorkommenden Form dasjenige ab, was der
Specialentwicklung der Einzelsprachen angehört, und was
dann übrig bleibt, ist die Urform. Ein Beispiel wird die Anweisung veranschaulichen. Im Sanskrit heisst das Feld *ágras*,
im Griech. ἀγρός, im Lat. *ager*, im Gothischen *akrs*. Nun'
weiss man dass im Got. *k* aus *g* hervorgegangen und vor dem
s ein *a* verloren worden ist, so ergiebt sich aus dem Gothischen
die Urform *agras*, ferner weiss man, dass das griechische o aus
a herzuleiten ist und kommt also ebenfalls auf *agras*, und so
bei jeder Einzelsprache. Somit darf *agras* als Urform betrachtet werden, ein gleiches Verfahren lässt den Acc. *agram*, den
Gen. *agrasja*, den Abl. *agrāt*, den Nom. Pl. *agrāsas* u. s. f.
erschliessen, ferner eine grosse Anzahl von Pronominibus, Prä-
positionen u. s. w. Alle diese Formen zusammen bilden die
indogermanische Ursprache, oder wenn man diesen Satz in
historischer Fassung ausdrücken will: die Ursprache ist die
Sprache, welche unmittelbar vor der ersten Trennung des indogermanischen Urvolks gesprochen wurde.

Freilich hat S c h l e i c h e r sich mit diesem einfachen und
deutlichen Begriff der Ursprache nicht immer begnügt, denn
er schreibt ihr häufig eine Eigenschaft zu, welche aus der bisher gegebenen Begriffsbestimmung nicht abgeleitet werden
kann, die Eigenschaft völliger Ursprünglichkeit und Unver-
sehrtheit. Ein Beispiel wird am besten deutlich machen, was
gemeint ist. Der Nominativ des Wortes für Mutter lautet im
Sanskrit *mātá*, im Griech. μήτηρ, im Litauischen *moté*, im
Altslavischen *mati*, im Althochdeutschen *muoter*. Nirgends
erscheint im Nom. ein *s*. Man kann also durch Vergleichung

der Einzelformen nur auf die Form *mātār* oder *mātā* kommen (das Letztere wenn man annimmt, dass das *r* z. B. in μήτηρ aus den obliquen Casus in den Einzelsprachen wiederum in den Nominativ eingeführt wäre), aber nicht auf *mātars*, wie Schleicher thut. Er nahm aber diese Form an, weil *mātar* der Stamm ist, und *s* das Suffix des Nominativs, und er sich überzeugt hielt, dass in der Ursprache sogenannte »Lautgesetze«, Einwirkungen von Lauten auf einander u. ähnl. noch nicht stattgefunden hätten. Diese Annahme ist aber ganz willkürlich, denn wenn die Ursprache eine von Menschen gesprochene Sprache gewesen ist, so hat sie auch das Schicksal aller Sprachen, nämlich Veränderung ihres Laut- und Formenbestandes, getheilt.

Es hindert also nichts, der Ursprache Formen wie *mātār* oder *mātā* zuzuschreiben. In einer noch älteren Periode freilich mag die Form *mātars* gelautet haben, wie Schleicher annimmt, aber man muss dann die verschiedenen Perioden der Ursprache so scheiden, dass nicht ältere und jüngere Formen, wie es bei Schleicher den Anschein hat, auf eine Ebene gestellt werden. Diese mangelnde Scheidung hat, — es ist nicht zu leugnen — in den Schleicher'schen Begriff der Ursprache einige Undeutlichkeit gebracht. Ich glaube in der folgenden Darstellung von dieser Schwierigkeit absehen zu dürfen, und fasse also die »Ursprache« immer nur in dem vorher angegebenen Sinne, d. i. in dem Sinne, der den ursprünglichen Intentionen Schleicher's entspricht.

Ist nun den Formen der Ursprache in diesem Sinne nach Schleicher's Meinung historische Wirklichkeit zuzuschreiben? Ich glaube, nach der Lectüre des Compendiums wird man geneigt sein, diese Frage zu bejahen, und wird einigermassen erstaunt sein, in den Nachträgen (Chrestomathie 342) auf die Bemerkung zu stossen: »Dass dise grundformen wirklich einmal vorhanden gewesen sind, wird durch die aufstellung derselben nicht behauptet.« Diesen anscheinenden Widerspruch zu erklären, wähle ich die Form der selbständigen Erörterung, welche ich am besten so führen zu können glaube, dass ich die Einwände, welche gegen die Schleicher'sche Ursprache in dem bisher beschriebenen Sinne vorgebracht werden können, formulire und auf ihren wahren Werth zurückzuführen suche.

Das erste Bedenken liegt offenbar in der Forderung, dass bei einer bestimmten Form alle Einzelsprachen gehört werden

sollen. Diese Forderung lässt sich aber nur in den seltensten
Fällen erfüllen, denn wie wenig zahlreich sind doch die
Wörter und Formen, die wir durch alle Sprachen verfolgen
können! Aber in der Praxis wiegt der hierin liegende Einwand doch nicht sehr schwer. Denn einmal ist zu erwägen,
dass wir eine ziemliche Zahl von Flexionssuffixen wirklich in
allen Sprachen, wenn auch nur spurweise, nachweisen können,
und bei einer Anzahl von Wortstämmen können wir, da uns
die Lautgesetze, die in Frage kommen würden, bekannt sind,
sagen, wie sie in einer bestimmten Einzelsprache lauten
müssten. Ernsthafter ist ein zweiter Einwand. Ist es denn
wirklich möglich, zu bestimmen, wo die Entwickelung jeder
Einzelsprache beginnt? Kann man mit Sicherheit festsetzen,
ob eine bestimmte Lautmodification oder Formgestalt schon
der Ursprache angehört oder erst der Einzelsprache? Schleicher hatte nach dieser Richtung feste Ansichten. Er hielt es
z. B. für möglich anzugeben, dass die Ursprache folgende
Laute gehabt habe:

Consonanten:			Vocale:		
k	g	gh	a	i	u
t	d	dh	aa	ai	au
p	b	bh	āa	āi	āu
j	s	v			
n	m	r			

Wie war er zu dieser Überzeugung gekommen? Auf einzelnen Gebieten war ihm durch seine Vorgänger vorgearbeitet,
so auf dem Gebiete der *a*-Vocale. Die indisch-iranische
Gruppe des Indogermanischen hat bekanntlich kein ĕ und ŏ,
sondern stellt dem ĕ und ŏ der übrigen Sprachen ă gegenüber.
Bopp war nur anfangs der Ansicht, das ĕ und ŏ seien ursprünglich im Sanskrit auch vorhanden gewesen und dann
verloren gegangen, trat dann aber der Ansicht Grimms bei
(Grammatik I² 594), der mit Rücksicht auf das Gotische dem ĕ
und ŏ die Ursprünglichkeit absprach, so dass sich für das Indogermanische drei einfache Urvocale *a i u* ergaben. Diese Annahme empfahl sich zugleich durch die Hochachtung, der sich
die Zahl drei zu erfreuen pflegt, wie denn Pott.den Abschnitt
über Vocale in seinen Et. Forsch. mit der Äusserung beginnt
»aus historischen und physisch-philosophischen Gründen
scheine mit grosser Wahrscheinlichkeit hervorzugehen, dass
die Sprache nur drei einfache vocalische Grundlaute, nämlich

ă ĭ ŭ besitze.« So schien diese Grimm'sche Hypothese sich
von allen Seiten zu bestätigen und wurde auch von Schleicher acceptiert. Er nahm also an, dass die Ursprache in der
Einfachheit des Vocalismus sich auf die Seite des Sanskrit
stelle, während das buntere Griechisch einen schon mehr entwickelten oder entarteten Zustand zeige. Für die Consonanten
aber wurde man auf das entgegengesetzte Verhältniss geführt.
Die Cerebralreihe des Sanskrit hatte man schon früh bearg-
wöhnt, indem man annahm, die Inder hätten diese sonder-
baren Laute von barbarischen Ureinwohnern aufgenommen,
und auch die Palatalen erwiesen sich vielfältig als jung gegenüber den Gutturalen, z. B. in der Reduplication (*kakāra* von
kar). Somit zeigte sich in diesem Punkte das Griechische
als ursprünglich und das Sanskrit als entartet, und es ergab
sich als Hauptresultat, dass das bunte und reiche Lautmaterial,
welches die Einzelsprachen entweder noch zeigen oder doch
einmal gezeigt haben müssen, aus einem mässigen und einfachen Lautmaterial der Ursprache durch Spaltung und Ver-
mannichfaltigung verschiedener Art hervorgegangen sei. Nach
der Analogie dieses Resultates schloss Schleicher dann
weiter, dass der Lautstand in einer noch älteren Zeit noch
einfacher gewesen sei: »in einer älteren lebensperiode der
indogermanischen ursprache felten wol die drei aspiraten und
die vocalischen doppellaute mit ā (also āa, āi, āu); dem ur-
sprünglichsten, noch nicht flectierenden sprachstande giengen
die sämmtlichen vocalischen doppellaute ab. Ursprünglich
besasz also das indogermanische warscheinlich sechs momen-
tane laute, nämlich drei stumme und drei tönende; sechs
consonantische dauerlaute, nämlich drei spiranten und drei so
genante liquiden, d. h. die beiden nasale *n m* und *r* (*l* ist eine
secundäre abart des *r*) und sechs vocale. Im späteren stande
der sprache, kurz vor der ersten trennung gab es neun mo-
mentane laute und neun vocalische laute. Man übersehe nicht
die symmetrie der zahlenverhältnisse in der anzal der laute.«
(Comp. §. 1, Anm. 1). Diese Entwickelung bietet der Kritik
ein breites Angriffsfeld. Zunächst sind die allgemeinen Erwägungen als nicht zwingend abzuweisen. Denn der Betrachtung, dass in urältesten Zeiten der Lautstand ein sehr einfacher gewesen sein müsse, kann man die entgegengesetzte
mit gleichem Rechte entgegenstellen. Sehen wir doch, dass
die Einzelsprachen vielfach an Lautgehalt einbüssen. Warum
sollte man nicht annehmen können, dass die Grundsprache

reicher gewesen sei, als irgend eine ihrer Töchter? Und die von
S c h l e i c h e r hervorgehobene Symmetrie der Zahlenverhältnisse würde nur dann einen Werth haben, wenn gezeigt werden
könnte, dass sie aus der Natur der menschlichen Sprachwerk-
zeuge herzuleiten sei, was nicht der Fall ist. Es können also
nur die speciellen Gründe in jedem einzelnen Falle entscheiden. Und diese scheinen gegen die Richtung der S c h l e i c h e r'-
schen Annahmen zu sprechen. Ja es scheint jetzt vielmehr, als
müsse man umgekehrt behaupten, dass die Grundsprache in
der Buntheit des Vocalismus dem Griechischen und in der
Mannichfaltigkeit des Consonantismus dem Sanskrit am ähn-
lichsten gewesen. Mit Sicherheit (wie ich meine) kann man
z. B. behaupten, dass in der Ursprache zwei k-Reihen exi-
stirten, von denen die eine der Palatalisirung ausgesetzt war,
ferner dass in der Ursprache ein e (oder $\mathring{a}$ wenn man lieber so
schreiben will) vorhanden war.

Was von dem e gilt, ist wahrscheinlich auch für o anzunehmen, so dass also nach diesen Ansichten die von S c h l e i -
c h e r construierten Wörter der Ursprache ein erheblich verän-
dertes Ansehen erhalten würden. S c h l e i c h e r hat sich einmal
den Scherz gestattet, eine Fabel in indogermanischer Ursprache
zu erzählen, der er die Überschrift gab: *avis akvāsas ka* (das
Schaf und die Pferde). Diese Überschrift würde nach den
neueren Anschauungen lauten: *ovis ek₁vōs k₂e* (wobei unter
k_2 in diesem Falle die Palatalis der Ursprache zu verstehen ist).
»Er sah« würde nicht mehr als *dadarka*, sondern als *dedork₁e*
anzusetzen sein, der Acc. eines Participiums »fahrend« nicht
als *vaghantam* sondern als *veg₁hontm̥* (wobei m̥ silbenbildend
ist) u. s. w.

Nach einem Jahrzehnt wird die Umschreibung vielleicht
wieder eine andere Färbung angenommen haben, und es ergiebt sich somit die Folgerung, dass die Ursprache nichts ist
als ein formelhafter Ausdruck für die wechselnden Ansichten
der Gelehrten über den Umfang und die Beschaffenheit des
sprachlichen Materials, welches die Einzelsprachen aus der
Gesammtsprache mitgebracht haben. Mit dieser Definition der
Ursprache ist zugleich die Frage nach dem historischen Werthe
der construierten Formen entschieden. Dass die Ursprache
eine grosse Anzahl von Wörtern, die grammatischer Beugungen
fähig waren, und eine Reihe von unflectierten Wörten besass,
ist ohne Zweifel und kann nicht bestritten werden. Ob sie
aber gerade so aussahen, wie die jeweilige Forschung behaup-

tet, deren Stand sich in diesen Construktionen spiegelt, lässt
sich natürlich nicht bestimmen.

Auch der Nutzen und die Bedeutung dieser Formen lässt
sich nunmehr abgrenzen. Sie bringen unserer Erkenntniss
kein neues Material zu, sondern sie dienen dazu das Erkannte
zu veranschaulichen. Sie haben also für die Sprachforschung
denselben Werth, wie etwa Curven oder ähnliche Veran-
schaulichungsmittel für die Statistik, sie sind mithin ein sehr
nützliches und nicht zu unterschätzendes Mittel der Darstellung. Zugleich wirkt der Zwang, Grundformen aufzustellen
als Impelle für den Forscher, sich stets die Frage vorzulegen,
ob die Form, um die es sich gerade handelt, als Urbildung oder
Neubildung zu betrachten sei, und sich überhaupt nicht vor
der völligen Bewältigung aller lautlichen und sonstigen Schwierigkeiten zu beruhigen.

Man sieht aus der ganzen bisherigen Ausführung, dass
S c h l e i c h e r sich in den Principien von B o p p nicht wesentlich unterscheidet. Was ihm eigenthümlich ist, ist die Dar-
stellungsmethode mittels der Grundsprache.

Aus dieser Erkenntniss folgt für uns zugleich die Beantwortung der Frage, inwieweit S c h l e i c h e r's wissenschaftliche
Richtung einen wesentlichen Einfluss von Seiten der Naturwissenschaft erfahren hat. Natürlich kann diese Frage nunmehr nur noch aufgeworfen werden für denjenigen Theil seiner
Lehre, in welchem er sich von B o p p und den übrigen Sprachforschern unterscheidet, also für die Grundsprache. Und von
dieser könnte es nun allerdings scheinen, als ob er sie der
Naturwissenschaft zu danken habe. Denn S c h l e i c h e r selbst
führt seine Ursprache mit folgender Betrachtung ein (Formenlehre der kirchenslavischen Sprache VII): »auch dieses ver-
faren stimmt, wie die methode der sprachwissenschaft überhaupt, zu der methode der naturwissenschaften, von welchen
die sprachwissenschaft einen teil bildet. Der vergleichende
anatom z. b. wird nimmermer etwa die schädelform zweier
tiere in der weise vergleichen, dass er von der einen art den
schädel eines neugeborenen, von der anderen den eines aus-
gewachsenen exemplars näme; felt im das nötige material,
was z. b. bei fossilen resten häufig eintritt, so tut er das, was
wir tun: er erschliesst nach den im bekanten gesetzen aus der
vorliegenden altersstufe die übrigen.« Ich kann aber trotzdem
nicht glauben, dass es das Beispiel des Anatomen gewesen sei,

welches Schleicher zur Nachfolge begeistert habe, sondern mir scheint vielmehr, dass Schleicher für sein bereits fertiges Verfahren Analogien bei den Naturforschern gesucht habe. Denn einestheils scheint mir die Zurückführung von Formen verschiedenen Alters auf eine und dieselbe Altersstufe ein so nahe liegender Gedanke, der sich so bequem aus der vorliegenden Aufgabe ergiebt, dass ich nicht annehmen möchte, er sei auf fremdem Grunde erwachsen, und anderentheils möchte ich trotz meiner geringen Bekanntschaft mit der Anatomie behaupten, dass Schleicher in der angeführten Stelle die Thätigkeit des Anatomen durch die sprachwissenschaftliche Brille betrachtet.

Somit komme ich zu dem Schluss, dass auch an diesem Punkte keine Entlehnung von der Naturwissenschaft her stattgefunden habe, und namentlich keine Übertragung der naturwissenschaftlichen Methode. Überhaupt scheint mir — um auch das noch zu bemerken — der ganze Gedanke einer Übertragung der Methoden etwas wunderlich. Wie sollte es möglich sein, ein Verfahren, was sich der Eigenthümlichkeit eines bestimmten Objects angebildet hat, auf ein fremdes Object mit Nutzen anzuwenden? Auch Schleicher hat das nicht vermocht. Er ist, so wenig er selbst es Wort haben will, im Kern seines Wesens so gut wie Bopp und Grimm, Pott und Curtius — ein Philologe.

Viertes Kapitel.

Neue Bestrebungen.

Das Compendium kann nicht als eine Zusammenfassung der gesammten sprachwissenschaftlichen Arbeit der Zeit angesehen werden. Denn — um nur das Hauptsächlichste zu erwähnen — in anderen Bahnen als Schleicher setzte Pott seine besondere, zeitweise etwas isolierte, Thätigkeit fort, und ebenso bildeten Benfey und seine Schule eine Gruppe für

sich. Pott konnte sich mit den Schleicher'schen Constructionen nicht befreunden, und Benfey und seine Anhänger hielten dafür, dass Schleicher durch seine »Lautgesetze« die Bewegung der Laute in unrichtiger Weise ein-
schnüre. Schleicher selbst betrachtete als seine nächsten
wissenschaftlichen Genossen Curtius und Corssen. Die
Bedeutung von Corssen hat man damals (wie oben bemerkt
wurde S. 39) wohl überschätzt, dagegen darf man mit Recht
Schleicher und Curtius als Haupt-Repräsentanten einer
Richtung ansehen, die nicht nur auf den Betrieb der einzelnen
Sprachen, sondern auch auf die Ansichten über Ziel und
Methode der Sprachforschung überhaupt einen mächtigen Einfluss ausgeübt hat und ausübt. Denn auch Curtius beschränkte sich ja nicht auf die Bearbeitung des Griechischen,
sondern lieferte eine Fortsetzung, Ergänzung und Umarbeitung
des ursprachlichen Theiles des Compendiums in seiner Abhandlung zur Chronologie der indogermanischen Sprachforschung, in welcher er den Versuch machte (auf den sich
Schleicher noch nicht eingelassen hatte) die historische
Entwickelung der indogermanischen Grundsprache zu verfolgen.

Nachdem nun diese hiermit beschriebene Richtung eine Reihe
von Jahren im Vordergrunde des Interesses gestanden hatte,
begannen allmählich die Einwände, welche von anderer Seite
gegen dieselbe erhoben wurden, sich stärker als bisher hervor-
zudrängen, an einzelnen Punkten zeigten sich neue Bedenken,
die Aufmerksamkeit fing an sich von gewissen Abschnitten,
die bisher vorzüglich das Auge auf sich gezogen hatten, gleichsam ermüdet zurückzuziehen, andere Partien, die im Schatten
gelegen hatten, traten deutlicher hervor — mit einem Worte
eine neue Richtung begann sich geltend zu machen, welche
die bisherigen Bestrebungen theils fortsetzt, theils zu be-
kämpfen, zu läutern und zu erweitern sucht. Die Anstösse zu
dieser neuen Bewegung kamen nicht von einem, sondern von
mehreren Punkten neben und nach einander, so dass es leicht
den Anschein gewinnt, als sei es richtiger, nicht von einer
sondern von mehreren unter sich wieder divergierenden Richtungen zu reden. Ich glaube aber doch, dass an diesen neuen
Bestrebungen das, was sie verbindet, das Wesentliche und
Wichtige ist, und über dieses will ich versuchen den Leser
mit einigen Worten zu orientieren.

Es war, wie ich gezeigt habe, die ursprüngliche und über-

wiegende Tendenz der Bopp'schen Arbeiten, die Entstehung
der grammatischen Formen zu erklären. Zuerst suchte Bopp
diese Erklärung in jeder Einzelsprache, indem er z. B. sagte,
der Aorist bildet sich im Sanskrit durch Zusammensetzung
mit *as*, im Griechischen ebenso durch Zusammensetzung mit
ἐς u. ähnl. mehr. Je deutlicher man nun aber erkannte, dass
die Erklärung der Formen nicht in den Einzelsprachen, sondern in der allen zu Grunde liegenden Gesammtsprache
zu suchen sei, um so mehr trat diese in den Vordergrund, und
es ist desshalb völlig consequent, dass die Grundsprache gerade bei Schleicher und Curtius, welche wie Bopp auf
Erklärung der grammatischen Formen ausgehen, eine so bedeutende Rolle spielt. Auf der anderen Seite ist es aber auch
natürlich, dass die Bedenken, welche sich gegen die Analyse
einer der Grundsprache angehörigen Form vorbringen lassen,
im Laufe der Zeit schärfer accentuirt wurden. Das Hypothetische aller solcher Analysen ist der realistischen Zeit, welche
sich von Dingen, die sich nicht wissen lassen, lieber fern halten
möchte, immer deutlicher zum Bewusstsein gekommen, und
man kann somit behaupten, dass bei einer nicht geringen Zahl
von Sprachforschern alle glottogonischen Hypothesen, d. h.
alle Versuche, die Formen der Ursprache zu erklären und darauf eine Geschichte der Flexion aufzubauen, in Misskredit
gerathen sind, (während natürlich die Schleicher'sche Ursprache in dem von mir definierten Sinne durchaus aufrecht erhalten werden kann).

Um diese Ansicht zu kennzeichnen, citire ich einige Worte
von Johannes Schmidt, der in einer Abhandlung über die
ursprüngliche Flexion des Optativs und der auf *ā* auslautenden
Präsensstämme, nachdem er die Bedenklichkeiten bei der gewöhnlichen Erklärung des Optativs (durch Zusammensetzung
mit der Wurzel *i* oder *jā*) hervorgehoben hat, sich so äussert
(Kuhn's Zeitschrift 24, 320): »Eine neue Erklärung aufzustellen, fühle ich mich nicht berufen. Die Aufgabe der indogermanischen Sprachwissenschaft ist, nachzuweisen, welches
die Formen der Ursprache waren, und auf welchen Wegen
daraus die der Einzelsprachen entstanden sind. Den begriff-
lichen Werth der an die sogenannten Wurzeln gefügten for-
mativen Elemente zu erklären, sind wir in den allermeisten
Fällen ebenso unfähig und aus denselben Gründen wie es
die einseitige griechische Grammatik war die Elemente der
griechischen Worte zu deuten. Auf diesem Gebiete schreitet,

wie es einer gesunden Wissenschaft geziemt, die Erkenntniss
des Nichtwissens von Jahr zu Jahr fort.«
   Damit hängt ein Anderes unmittelbar zusammen. Wenn
man die Formen der Ursprache erklären will, zerlegt man
sie in die Theile, aus denen man sie entstanden glaubt, z. B
dāsjati er wird geben in *dā-sja-ti*. Die gleiche Zerlegung
lässt sich nun allenfalls auch ausführen bei den Sprachen, die
wie das Sanskrit und Griechische sich auf leidlich alterthüm-
licher Stufe erhalten haben. So zerlegt Bopp eine Form wie
δοϑησόμεϑα in δο–ϑη–σο–μεϑα. Kann man nun annehmen, dass
die Zusammenfügung dieser Elemente erst im Griechischen
vor sich gegangen sei? Unzweifelhaft nicht. Je eindringender
die Vergleichung der indogermanischen Sprachen zu Werke
gegangen ist, um so deutlicher ist der Satz geworden: die
Flexion war schon in der Ursprache abgeschlossen, in die
Einzelsprachen sind nur fertige Wörter überliefert worden.
Ist das nun richtig (und wer möchte daran zweifeln?) so entsteht sofort die Frage: Wie sind denn in den einzelnen Spra-
chen Neubildungen möglich? Um die Aufstellung dieser
Frage hat sich Merguet (Die Entwickelung der lateinischen
Formenbildung. Berlin 1870) [1] ein Verdienst erworben, um
die Beantwortung derselben diejenigen Gelehrten, welche den
Begriff der Analogiebildung wieder mehr betont haben,
namentlich Whitney, Scherer, Leskien (vgl. Misteli.
Lautgesetz und Analogie in Steinthal's Ztschr. 11, 365 ff.).
Da Neubildungen in einer fertigen Sprache nicht mehr durch
Zusammenfügung der constituierenden Elemente gebildet wer-
den können, falls diese Elemente nicht selbst fertige Worte
sind, so können alle übrigen Neubildungen nur auf dem Wege
der Analogiebildung zu Stande kommen. Neubildungen sind
Nachbildungen. Bei dieser Anschauung tritt natürlich das
Princip der Analogie bei der Erklärung der Formen in den
Vordergrund, und viele einzelne Formen wie z. B. das lateinische Imperfectum, Futurum u. s. w. sind nunmehr anders
aufzufasssen als bisher.
   Eine andere Anregung zum Weitergehen ergab sich auf
dem Gebiete der Lautlehre. Nachdem eine Zeit lang das
Sanskrit, Griechische, Italische die leitenden Sprachen gewesen waren, und zwar diese in ihren ältesten Stadien be-

---

[1] Man sehe namentlich einen Aufsatz desselben Verfassers Neue
Jahrbb. für Phil. und Päd. 109, 145 ff.

gannen allmählich die moderneren Idiome eine verstärkte Aufmerksamkeit auf sich zu ziehen. In diesen nun (z. B. in den
slavischen und den romanischen Sprachen) findet man einen
Reichthum der Lautentwickelung und dabei eine Zartheit und
zugleich Sicherheit der Lautunterschiede, die in Erstaunen
setzen. Auf die eminente Mannichfaltigkeit der Lautgestaltung wurde zugleich durch die wieder mit besonderem Eifer
betriebene Lautphysiologie hingewiesen. Warum sollte nun
diese Mannichfaltigkeit der Laute, die wir an heutigen Sprachen beobachten, nicht auch den älteren Perioden zuzutrauen
sein? warum nicht auch der indogermanischen Grundsprache?
Unter dieser Annahme ergab sich an manchen Punkten Regel
und Ordnung, wo bisher »Ausnahmen« und Unregelmässigkeiten statuirt waren. Es gehört dahin z. B. die Statuierung
des *e* für die Grundsprache. Zu dieser (schon oben bei
Schleicher erwähnten Hypothese) ist man auf folgende
Weise gekommen. Es ist eine Thatsache, dass dem *a* des
Indisch-iranischen in anderen indogermanischen Sprachen
häufig *e* entspricht, z. B. dem *a* in *bhárāmi* das *e* in φέρω und
fero, dem *a* in *ka* das *e* in τε und *que*. Nun wies Curtius
nach, dass die europäischen Sprachen in dem *e* gegenüber
dem indisch-iranischen *a* zusammenzustimmen pflegen, und
nahm, da er an der Ursprünglichkeit des *a* ebenso wenig
zweifelte wie Bopp, Grimm, Pott, Schleicher u. a.
in Folge dessen an, dass das ursprüngliche *a* in der europäischen Grundsprache zu *e* geworden sei. Diese Ansicht,
welche lange gegolten hat, bekam einen ersten Stoss durch
die Entdeckung, dass das Armenische dieses *e* theilt. Sollte
man nun auch dieses zu der europäischen Masse rechnen,
oder sollte man vielleicht, indem man die vorausgesetzte
Urthümlichkeit des *a* fahren liess, annehmen dürfen, dass in
der Grundsprache schon ein *e* oder *á* vorhanden gewesen und
in den wenigen Sprachen, die es nicht haben, zu einem *a* geworden sei, welches von dem sonstigen *a* (wenigstens in der
Schrift) nicht geschieden wird, so dass also die Unursprüng-
lichkeit nicht auf Seite des Europäischen, sondern des Indisch-
Iranischen liegen würde?
    Dass es sich in der That so verhalte, wie hiemit hypothe-
tisch angenommen, lässt sich durch das Verhältniss der indischen
(und iranischen) Palatalen zu den auf sie folgenden Vocalen
mehr als wahrscheinlich machen. Wir sehen, dass unendlich
häufig ein palataler Laut aus einem gutturalen durch den Ein-

fluss eines folgenden *i* entsteht (so gehört z. B. *ógī́jān* zu
dem Positiv *ugrás*). Ebenso wie *i* sehen wir häufig auch *a*
wirken, aber nur solches *a* welchem in den übrigen Sprachen
e entspricht, so z. B. das *a* der Reduplicationssilbe in *kakā́ra*
von *kar* machen, welchem im Griechischen, Deutschen u. s. w.
e gegenübersteht, das *a* von *k̑a*, welchem im Griechischen und
Lateinischen *e* entspricht u. s. w. Aus diesen Thatsachen, die
sich ausserordentlich vermehren lassen, folgt, dass das oben
erwähnte *a* des Sanskrit einige Ähnlichkeit mit *i* gehabt haben,
also einst ein *e* oder *å* gewesen sein muss, und damit ist das
Vorhandensein eines *e* in allen indogermanischen Sprachen
erwiesen. Wenn sich nun noch zeigen lässt (— und das lässt
sich zeigen —) dass jene Palatalisierung, welche wir im Sanskrit
finden, in die Ursprache hineingereicht haben muss, so ist die
Ursprünglichkeit des *e* (*å*) so sicher erwiesen, als dergleichen
Behauptungen erwiesen werden können. Ich gehe hier auf
Detail nicht weiter ein, sondern verweise den Leser auf einen
Aufsatz von Johannes Schmidt (K. Z. 25, 1 ff.) in welchem
die auf die ganze Frage der zwei Gutturalreihen und des europäischen *e* bezüglichen Vorarbeiten von Ascoli, Brugman, Fick, Collitz u. a. zusammengefasst sind, und die
Stichhaltigkeit der neuen Auffassung mit genauestem Ein-
gehen in das Einzelne dargethan wird. Neben die Entdeckung
des indogermanischen E-Vocals stellt sich die von Osthoff
herrührende sehr wahrscheinliche Vermuthung, dass in der
Grundsprache bereits ein sonantisches *r*, wie wir es im Sanskrit kennen, vorhanden gewesen sei, welches im Griechischen
durch αρ (ρα) wiedergegeben ist. Danach ist z. B. das α des
griechischen Aorists ἔτραπον nicht mehr als ein vereinzelter
Überrest eines früheren Sprachzustandes anzusehen, der durch
eine Art von Trübung des Sprachgefühls erhalten sei (Curtius,
Grundzüge 52), sondern ρα ist der regelrechte Fortsetzer des
indogermanischen R-Vocals, welcher dem Aorist gebührt.
Nicht minder wichtig ist die Brugman'sche Annahme eines
sonantischen Nasals und Ähnliches der Art.

Diese Entdeckungen zeigten nun in besonders frappanter
Weise, dass auch geringfügige Verschiedenheiten der Aussprache (wie z. B. die Verschiedenheit zwischen *å* und *a*) sich
mit bewunderungswürdiger Treue durch die Jahrtausende fortsetzen, und mussten demgemäss erheblich dazu beitragen, die
Achtung vor der Gesetzmässigkeit alles Lautwandels zu
stärken. Nachdem Bopp den Lauten noch in grossem Masse

die Freiheit gelassen hatte, sich in derselben Sprachperiode
bald so bald so zu verändern, Pott, Schleicher und
Curtius diese Freiheit auf das Erheblichste eingeschränkt
hatten, war es nun, da neue sehr bedeutende Einschränkungen
hinzutreten, natürlich, dass das Apercu auftauchte: die Lautgesetze erleiden überhaupt keine Ausnahme. Es
wird unten ausführlich gezeigt werden, dass auch diese neue
Auffassungsweise nothwendig eine stärkere Betonung des Ana-
logieprincips herbeiführen musste [1].

Endlich ist zu erwähnen, dass von denjenigen Gelehrten, welche für die Ausnahmslosigkeit der Lautgesetze
eintreten, wiederholt und mit Nachdruck hervorgehoben
worden ist, dass die natürliche Beschaffenheit der Sprache
nicht in den Kunstsprachen, sondern in den Volksmundarten zu Tage tritt. Wir sollen desshalb die leitenden Grundsätze für die Sprachforschung nicht in den ausgestorbenen
Schriftsprachen des Alterthums, sondern wesentlich an den
lebenden Volksmundarten der Gegenwart erarbeiten.

Das ungefähr sind die Anschauungen, Bestrebungen und

---

[1] Der erste, welcher meines Wissens die Ansicht, dass die Lautgesetze ausnahmslos seien, deutlich ausgesprochen hat, ist Leskien (Die
Declination im Slavisch-Litauischen und Germanischen, Preisschriften
der Jablonowski'schen Gesellschaft in Leipzig, Leipzig 1876, S XXVIII
und 1). Er sagt: »Bei der Untersuchung bin ich von dem Grundsatz ausgegangen, dass die uns überlieferte Gestalt eines Casus niemals auf einer
Ausnahme von den sonst befolgten Lautgesetzen beruhe. Um nicht miss-
verstanden zu werden, möchte ich noch hinzufügen: versteht man unter
Ausnahmen solche Fälle, in denen der zu erwartende Lautwandel aus bestimmten erkennbaren Ursachen nicht eingetreten ist, z. B. das Unter-
bleiben der Verschiebung im Deutschen in Lautgruppen wie *st* u. s. w.,
wo also gewissermassen eine Regel die andere durchkreuzt, so ist gegen
den Satz, die Lautgesetze seien nicht ausnahmslos, natürlich nichts einzuwenden. Das Gesetz wird eben dadurch nicht aufgehoben, und wirkt,
wo diese oder andere Störungen, die Wirkungen anderer Gesetze nicht
vorhanden sind, in der zu erwartenden Weise. Lässt man aber beliebige
zufällige, unter einander in keinen Zusammenhang zu bringende Abweichungen zu, so erklärt man im Grunde damit, dass das Object der
Untersuchung, die Sprache, der wissenschaftlichen Erkenntniss nicht zugänglich ist.« Daran schliesst sich, was Osthoff und Brugman Morph.
Unters. 1, XIII aussprechen: »Aller Lautwandel, so weit er mechanisch
vor sich geht, vollzieht sich nach ausnahmslosen Gesetzen, d. h. die Richtung der Lautbewegung ist bei allen Angehörigen einer Sprachgenossenschaft, ausser dem Fall, dass Dialektspaltung eintritt, stets dieselbe, und
alle Wörter, in denen der der Lautbewegung unterworfene Laut unter
gleichen Verhältnissen erscheint, werden ohne Ausnahme von der Änderung ergriffen.« Daneben erscheint auch die unbedingte Fassung: Alle
Lautgesetze wirken blind, mit blinder Naturnothwendigkeit oder
ähnlich.

Hypothesen, welche als der Anfang einer erneuten Behandlung der Probleme der Sprachwissenschaft erscheinen. Die hauptsächlichsten dieser Probleme sollen nun in den folgenden Kapiteln erörtert werden.

Fünftes Kapitel.

Die Agglutinationstheorie.

In dem Vorhergehenden ist gezeigt worden, wie die sogenannte Agglutinationstheorie bei Franz Bopp entstanden ist und es ist wenigstens angedeutet worden, welche Rolle diese Hypothese im Verlauf der weiteren Entwickelung der Sprachforschung gespielt hat. Es ist nun meine Aufgabe zu untersuchen, welcher Grad von Wahrscheinlichkeit derselben zugesprochen werden könne.

Jede Analyse der indogermanischen Flexionsformen muss an die Thatsache anknüpfen, dass einige Flexionsendungen des Verbums eine grosse Ähnlichkeit mit einigen Pronominalstämmen zeigen. Der Ausgang der ersten Person -mi erinnert sofort an me mi-hi und was damit zusammenhängt, und ebenso das -ti der dritten Person an den Pronominalstamm ta, der in τόν u. s. w. erscheint. Auch die Endungen der zweiten Person zeigen Beziehungen zu dem entsprechenden Pronomen, wenn dieselben auch nicht so unverkennbar sind, wie bei den beiden anderen Personen. Diese Ähnlichkeit nun erklärte Bopp mit der Annahme, dass die Pronomina an das Verbum angetreten seien, welches also vor diesem Antritte noch keine Endungen hatte, und der in dieser Hypothese ausgesprochene Gedanke der Agglutination wurde der herrschende für seine gesammte Erklärung der Flexion. Es liegt aber auf der Hand, dass neben der Bopp'schen Annahme noch andere möglich sind, welche an dieselbe Thatsache anknüpfen. In der bisherigen Sprachforschung sind zwei solche Hypothesen hervorgetreten, die erste, welche annimmt, dass die Endungen das

prius, und die Pronomina durch Loslösung aus diesen entstanden seien — die Evolutionstheorie, und eine zweite,
wonach die Pronomina und die Endungen unabhängig von
einander entstanden und später auf einander bezogen sein
sollen — die Adaptationstheorie.

Ich bespreche zunächst diese beiden Hypothesen.

Die Evolutionstheorie ist, da sie ihren ersten Vertreter in Friedrich v. Schlegel hat, älter als die Agglutinationstheorie, doch ist eine authentische Darstellung derselben nicht vorhanden, denn weder August Wilhelm
v. Schlegel noch Lassen oder ein anderer Gelehrter dieser
Schule haben den Bopp'schen Ausführungen etwas anderes
als Negation gegenübergestellt. Unter diesen Umständen sind
wir auf die Arbeiten dreier Männer angewiesen, von denen
keiner als anerkannter Interpret der Schlegel'schen Lehrmeinung gelten kann, ich meine Carl Ferdinand Becker,
Moriz Rapp, Rudolph Westphal. Was C. F. Becker,
der einstmals berühmte Verfasser des »Organism« zu Gunsten
der Ansicht von der Ursprünglichkeit der Personalsuffixe vor-
zubringen hat, reduciert sich im Wesentlichen auf folgende
Betrachtung: »Weil das Wort ursprünglich Glied eines Satzes
ist, so ist auch mit dem Begriffe des Worts ursprünglich die
grammatische Beziehung und mit dem Worte seine Flexion
gegeben. Das Wort als der Ausdruck des Begriffs und die
Flexion als der Ausdruck der Beziehung sind gleich alt und
ursprünglich.« Indessen dieses Räsonnement würde nur zu-
treffen, wenn man anzunehmen hätte, dass Alles, was gedacht
wird, auch in der Sprache Ausdruck findet. Das ist nun bekanntlich durchaus nicht der Fall und es hindert desswegen
nichts anzunehmen, dass der Gedanke der Beziehung schon
lange vorhanden war, ehe er sprachlich ausgedrückt wurde.
Also lässt sich auf das Alter des Beziehungsausdrucks aus
dieser logisierenden Betrachtungsart kein Schluss gewinnen.
Was den zweiten der genannten Männer betrifft, den Tübinger
Moriz Rapp, so verweise ich auf eine Anzeige seiner vergleichenden Grammatik durch Steinthal (Kuhn's Zeitschrift
2, 276 ff.), in welcher gerade das hierher Gehörige erörtert
wird. Eine etwas eingehendere Betrachtung dagegen verlangen die Ansichten von Rudolf Westphal, wie sie
namentlich in dessen philosophisoh-historischer Grammatik
der deutschen Sprache (Jena 1865) und methodischer Grammatik der griechischen Sprache (Jena 1870) niedergelegt sind

Westphal's System ist, in der Kürze dargestellt, folgendes. Man kann in der Entwickelung der Sprache nach der Bildung der Wurzeln drei Perioden unterscheiden. In der ersten werden Dinge an und für sich bestimmt, in der zweiten im Bezug zum menschlichen Denken, in der dritten in Beziehung auf einander (Phil.-hist. Gr. S. 98). In der ersten Periode entstanden die Nominalstämme, in der zweiten die Verbalflexion, in der dritten die Nominalflexion. Durch die Wurzel' hat das Sein einen sprachlichen Ausdruck erhalten als dasjenige, an welchem eine bestimmte Bewegung oder Thätigkeit zur Erscheinung kommt. Diese Wurzel wird nun freilich bisweilen auch da angewendet, wo das in seiner Ruhe selbständige Sein bezeichnet werden soll, aber gewöhnlich wird sie doch zu diesem Zwecke auch lautlich verändert. Und zwar wird sie um ă, ĭ oder ŭ erweitert. Über den Sinn dieser Erweiterung spricht W. sich so aus: »im Gegensatze zur einsilbigen Verbalwurzel ist hierdurch für das nomen concretum eine zweisilbige Wortform gewonnen, deren schliessender Vocal zunächst nichts anderes bezeichnen soll, als dass die in dieser Wortform vorkommende Wurzel nicht mehr ein j e d e s Ding bezeichnen soll, an welchem die betreffende Thätigkeit oder Bewegung zur Erscheinung kommt, sondern ein b e s t i m m t e s, oder wenigstens eine bestimmte Klasse oder Gattung von Dingen, als deren wesentliches Merkmal jene Bewegung oder Thätigkeit gefasst wird. Die Bereicherung der Wurzel um das das *a i u* bezeichnet nur den Fortschritt aus grösserer Allgemeinheit zur concreteren Bestimmtheit, zur Specialisirung.« Im Laufe der weiteren Entwickelung specialisieren sich dann die Bedeutungen der Nomina immer mehr, und die »zunächst liegenden« Vocale *a i u* genügen nicht mehr; es werden also auch andere Lautcombinationen in gleicher Funktion verwandt. »Zunächst nämlich tritt vor den Vocal *a i u* ein Nasal oder Dental«, so entstehen die Suffixe *na ni nu, ta ti tu*; dann auch die liquidae, so entstehen *ra ri ru, la li lu* (a. a. O. S. 84). Um abgeleitete Nominalstämme zu bilden, tritt wieder ein neues Element hinzu. Denn jede »Erweiterung des Begriffes um irgend ein Merkmal, um irgend eine Bestimmtheit erfordert die Bereicherung des bereits vorhandenen Wortkörpers um ein neues lautliches Element« (S. 85). Am kunstreichsten ist nun dieses Spiel der Begriffe und Laute beim Verbum. Am Verbum kommen folgende Bestimmtheiten zum Ausdruck: 1) Räumliche Identität zwischen dem Denkenden und dem Gedachten, ausgedrückt durch die erste Person; 2) Zeitliche Identität, ausgedrückt durch das Praesens; 3) Causale Identität zwischen der gedachten Thätigkeit und ihrem Gedachtwerden, ausgedrückt durch den Imperativ. Zu diesen drei Bestimmtheiten treten nun noch ihre Gegensätze, nämlich: 1) Räumliche Nichtidentität, d. i. die dritte und zweite Person zusammengenommen; 2) Zeitliche Nichtidentität, d. i. die Vergangenheit (die Zukunft ist nicht besonders bezeichnet); 3) Causale Nichtidentität, d. i. der Indicativus. Der ersten dieser Bestimmtheiten entspricht der zunächst liegende Laut, und zwar ist der in diesem Falle der Nasal »gleichviel ob der dentale oder labiale«, und somit war die erste Bildung die mit *m*, z. B. von der Wurzel *sta* lautete sie *stam*, der Gegensatz zu dieser Bestimmtheit wird ausgedrückt durch Anfügung des ferner liegenden *t*, also *stat*. Nun soll aber noch die zweite Person besonders gekennzeichnet werden, dazu waren vorhanden die zunächst liegenden Vocale *a i u*. Es ist wahrscheinlich, dass einst *stata stati statu* für die zweite Person gebraucht werden konnte, doch wurde *statu* die beliebteste Form. Aus ihr entstand *stas*, so haben wir *stam stas stat*. In ähnlicher Weise wird nun, freilich nicht ohne dass allerhand Annahmen gemacht werden, die selbst vom Standpunkte des Systems aus hart und unwahrscheinlich genannt werden müssen, das ganze Gebäude der Verbalflexion aus lauter näher und ferner liegenden Lauten zusammengefügt. Aus den fertigen Flexionsformen des Verbums sind dann die Pronominalstämme entstanden, und zwar speciell aus den Formen des Mediums. Es waren die Medialformen *tudama* und *tudatva* entstanden, und daraus lösten sich *ma* und *tva* los. »Um den Begriff ‚du schlägst mich‘ oder ‚er schlug mich‘ auszudrücken, nahm man die active Form *tudas* oder *tudat* und bezeichnete das dazu gehörige ‚Mich‘ durch dasselbe lautliche Element, durch welches in der Medialform das reflexive ‚mich‘ ausgedrückt wurde, nämlich durch die Silbe *mă*« (a. a. O. S. 127). In ähnlicher Weise wie die Flexionsformen des Verbums sind die des Nomens entstanden, so dass ich auf diese Seite des Systems nicht näher einzugehen brauche.

Dieses System nun fordert die Kritik in mehrfacher Hinsicht heraus, zunächst was die philosophische Grundlage betrifft. Ich glaube, es kann kaum ein Zweifel darüber herrschen, dass dieselbe nichts weiter für sich hat, als eine gewisse Grossartigkeit der Terminologie. Dass diese tiefsinnigen und

dunklen »Bestimmtheiten« in den Köpfen unserer Vorfahren
und zwar in einer dialektisch genau bestimmten Reihenfolge
als sprachbildende Kräfte hervorgetreten seien, davon wird
sich, wie mir scheint, ein nüchternes philologisches Publicum
ebensowenig überzeugen, als es dem Verfasser glauben wird,
dass dieselben Urkräfte dem »siderischen, vegetativen und
animalischen Dasein zu Grunde liegen.« Ein weiterer Einwand muss aus jener Theorie von den näher und ferner liegenden Lauten hergenommen werden. Abgesehen davon, dass
W. sich gelegentlich in der Auffassung der Distanz der Laute
widerspricht, was soll es heissen, dass ein Laut nah, der andere fern liegt? Unter den Consonanten sollen Nasale und
Dentale die zunächst liegenden sein: soll man nun annehmen,
dass diese zuerst entstanden, und z. B. die Labialen erst jüngeren Datums sind? Auch andere lautliche Annahmen sind
höchst bedenklich. Wie soll man sich z. B. erklären, dass
mitten in das Wort hinein vor die Suffixvocale *a i u* die Consonanten *t n r l* treten? Wo findet man Ähnliches im Gebiete
der indogermanischen Sprachen?

Die Hauptsache für meinen gegenwärtigen Zweck aber
ist die Theorie über die Ablösung der Nominalsuffixe. Ist
diese Theorie wahrscheinlich? Es kann dagegen einmal geltend gemacht werden, dass sie die Annahme nöthig macht,
dass die indogermanischen Sprachen sich eine Zeit lang ohne
Personalpronomina beholfen hätten. Und diese Annahme
(meint Curtius, Verbum I², 22) sei äusserst hart. Denn wo
gäbe es — so fragt er — Sprachen ohne Personalpronomina?
Dann aber muss man behaupten, die ganze Vorstellung, dass
die Endungen »wie reife Birnen vom Baum gefallen« (Pott,
Etym. Forsch. II, 360) oder »wie Harz ausgeschwitzt und ab-
getropft sind« (wie Scherer sich ausdrückt) seltsam und ohne
Analogie ist. Wenigstens ist meines Wissens nichts Entsprechendes aus anderen Sprachen beigebracht worden, während
für die Bopp'sche Hypothese allerdings (wie sich später zeigen
wird) das Beispiel agglutinirender Sprachen zeugt.

Ich glaube desshalb, dass die Evolutionstheorie, in der
Gestalt wie sie bis jetzt aufgetreten ist, auf den Beifall der
Sprachforscher keinen Anspruch erheben kann, und zwar um
so weniger, wenn sich im Verlaufe dieser Darstellung herausstellen sollte, dass für die Agglutinationshypothese, wenn auch
nicht in ihren Einzelheiten, so doch im Ganzen und Grossen
eine erhebliche Wahrscheinlichkeit geltend zu machen ist.

Wir kommen zu der Adaptationstheorie, oder den Ansichten, welche Alfred Ludwig in seiner Abhandlung über die Entstehung der a-Declination in den Sitzungsberr. der Kais. Akad. (Wien 1867) und den beiden selbständig erschienenen Schriften »Der Infinitiv im Veda nebst einer Systematik des litauischen und slavischen Verbs« (Prag 1871) und »Agglutination oder Adaptation? eine sprachwissenschaftliche Streitfrage« (Prag 1873) dargelegt hat.

A. Ludwig, ein ausgezeichneter Kenner des Veda. ist der Meinung, dass die bisherige Sprachwissenschaft ihre Vorstellungen über die Beschaffenheit der indogermanischen Sprache viel zu einseitig dem Griechischen nachgebildet habe. Der Veda müsse in viel umfassenderer Weise benutzt werden, aus der vedischen Sprache allein seien die Fingerzeige für die richtige Auffassung namentlich auch der Flexionsendungen zu entnehmen, und zwar der Suffixe sowohl des Verbums wie des Nomens. Was zunächst das Verbum betrifft, so ist es eine Thatsache, dass im Veda die dritte Person sing. med. bisweilen im Präsens denselben Ausgang wie im Perfectum zeigt, also -e (nicht -te) mithin mit der ersten sing. übereinstimmt, so dass çṛṇvé sowohl heissen kann »er wird gehört«, als »ich werde gehört«. Etwas Entsprechendes glaubt Ludwig auch bei der zweiten Person med. zu finden, indem er annimmt, dass das Suffix -se sowohl im Sinne der ersten wie der zweiten Person gebraucht werde. Indem er nun von -e und -se auf -te, und von da weiter auf -mi -si -ti schliesst (bei denen die gleiche Vieldeutigkeit wie bei -e und -se nicht mehr so unverkennbar hervortrete), gelangt er zu der Meinung, dass ursprünglich die sogenannten Personalsuffixe mit der Bezeichnung der Personen nichts zu thun haben. Es gab demnach keine ursprünglichen Personalsuffixe, vielmehr nur eine einzige Art von Suffixen, nämlich diejenige, welche wir Stammbildungssuffixe nennen. Die Formen des Verbum finitum sind ihrem Ursprung nach nichts als Stämme. Das Gleiche ergiebt sich für die Nominalflexion. Auch für die Casus sucht Ludwig an der Hand des Veda nachzuweisen, dass sie ursprünglich keine gesonderten Bedeutungssphären gehabt haben. Von der Grundbedeutung eines Casus zu reden ist ein Unding. Es gab auch auf demjenigen Gebiet, welches wir das nominale nennen, ursprünglich nur Stämme, deren Bedeutungen sich allmählich differenzirten und specialisirten.

Auf der anderen Seite hält nun aber Ludwig doch die

Thatsache fest, dass in den späteren Perioden der Sprachentwickelung, z. B. im classischen Sanskrit, wirklich jede der
verschiedenen Endungen eine besondere Gebrauchsweise des
Wortes andeutet. So erhebt ,sich denn die Frage: Wie sind
die Suffixe zu dieser Bedeutung gekommen, die sie doch einst
nicht hatten? Die Antwort lautet: man legte sie ihnen bei.
Das erwachende geistige Bedürfniss forderte den Ausdruck
gewisser Kategorieen, und die Suffixe, welche ursprünglich
lediglich demonstrativen Sinn hatten, adaptirten sich diesem
Bedürfniss. Am spätesten entstanden die Formen des verbum
finitum, deren letzte Vorstufe durch diejenigen Stämme gebildet wird, welche wir jetzt Infinitive nennen. Um die ange-
deuteten Verwandlungen zu besserem Verständniss zu bringen,
lasse ich den Autor selbst reden. Nachdem er ausgeführt hat,
dass der Dativ und Localis, sobald wir den historischen Standpunkt festhalten, ihre Eigenschaft als flectierte Formen verlieren, und »auf das Gebiet der Wortbildung zurücktreten«,
fahrt er fort: »diser process der wortbildung kam allmählig
in ein gewisses stocken, und es kam neben demselben eine
andere richtung auf die entwerteten wortbildungsformen anzuwenden. unterliesz man anfangs die specielle bezeichnung von
agens actio actum, und begnügte sich mit damals offenbar in
groszem masze angewandter demonstration, so schritt die
sprache allmählig sobald sie disponibles lautmaterial hatte dazu, dise die verständlichkeit der rede in auszerordentlichem
masze fördernde unterscheidung anzubanen, wobei sie jedoch
nichts weniger als consequent zu werke gieng. als es mit diser
differenzierung bisz zu einem gewissen grade gekommen war,
lag es gewiss wider nahe numerus und casusbeziehung anzu-
deuten, aber auch dazu ward nur vorhandenes benützt, an ein
schaffen einer grammatik ist nicht zu denken« (Inf. §. 19).
An einer anderen Stelle heisst es: »Was bedurfte es also um
das, wenn auch dunkle gefül einer flexion aufkommen zu
laszen? nichts weiter als des vergeszens. so lange man in den
betreffenden bildungen des factischen zusammenhanges ein-
gedenk blieb, gab es nur stämme, keine flectierten stämme.
sobald das gedächtniss dises zusammenhanges geschwunden
war, trat das bedürfniss ein, bei den verschiedenheiten, von
deren eigentlicher natur und entstehung man nichts mer
wusste, ja bei denen man nicht einmal wuste, dasz es etwas zu
wissen gab, etwas zu denken, oder eigentlich sie zu verstehn.
denn kein zweifel, dasz mit den bedeutungen, die man den

formen bei legte, meinte sie zu verstehn« (Inf. §. 29),
und wenige Seiten weiter: »Mit dem allmäligen werden der
formen stellten sich naturgemäsz zwei erscheinungen ein,
welche die angelpunkte der syntax wurden, von der man sagen
musz, dasz sie früher garnicht bestand, anders als in phraseo-
logie: es ist die bezeichnung der grammatischen abhängigkeit
und der grammatischen übereinstimmung oder grammatische
sub- und coordination. es war natürlich, dasz, wo zwischen
auszdrücken eine beziehung bestand, man sich bestrebte, derselben auszdruck zu leihen, der die verschiedenheit oder identität des verhältnisses mererer auszdrücke einem andern gegenüber kennzeichnen konnte. diesz hatte weiter auch zur folge,
dasz sich ein gewisses bedürfnis nach sog. grammatikalischen
endungen herauszbildete, die blosze stammendung allmählig
entweder ganz perhorresciert ward, oder auf ein specielles be-
deutungsfeld beschränkt den schein einer flectierten form an-
nam. gewisse endungen scheinen gerade zu vil begert gewesen
zu sein: âm loc. si. gen. pl. no. acc. du. und wie wir überzeugt sind auch instrum. si. (â) vgl. altsl. ayą; ebenso bhi.
hiedurch schienen offenbar die wörter erst abgerundet und
vollendet. wie das verlangen darnach stieg, beschränkte sich
andrerseits die zal der möglichen wortauszgänge« (Inf. §. 31).
Damit verbinde man eine Stelle aus der Lud wi g'schen Streit-
schrift: »Als ihre [der personalsuffixe] ursprüngliche bedeutung stelle ich die demonstrative auf, die dann der function
der wortbildung die stelle räume; dann nahmen sie allgemeine verbalbedeutung an [wie sie im infinitiv erscheint],
und endlich, als die zal dieser elemente wuchs, brachte man
sie nach beiläufigen oft auch nach gar keinen analogien in zusammenhang und beziehung mit den unterdessen im pron.
pers. auszgebildeten categorien der grammatischen personen.
ich neme also eine ursprüngliche bedeutung an, und auszer-
dem ein hindurchgehn durch drei metamorphosen an«. (Agglutination oder Adaptation, pag. 62).
      Hat der Leser nun durch diese Darstellung einen unge-
fähren Begriff von Lud wigs allgemeinen Anschauungen erhalten, so bleibt freilich noch eine wichtige Aufgabe für mich
zurück, nämlich zu zeigen, wie Ludwig diese Anschauungen
aus dem faktischen Bestand der indogermanischen Laute und
Formen gewonnen hat. Natürlich ist es nicht möglich, dem
Verfasser zu diesem Zweck in alles Detail zu folgen, ich bemerke daher nur im Allgemeinen, dass L. eine Anzahl von

Lautgesetzen gefunden zu haben meint, die von dem, was anderen Gelehrten als feststehend gilt, erheblich abweichen. So glaubt er sich z. B. berechtigt anzunehmen, dass im Idg. jedes Suffix vocalisch auslautete, dass *t* sich in *s*, *s* sich in *r* wandelte, *t* in *n* überging, *n* zwischen Vocalen ausfiel u. a. m. Um an einer Probe das Verfahren zu veranschaulichen, führe ich beispielshalber an, dass ein infinitivartig gebrauchter Stamm auf *-āni* angenommen wird, der sich in folgender Weise verwandelt hat:

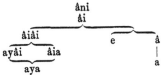

Was hier mit *e* bezeichnet ist, ist das was wir die erste oder dritte Person auf *e* (z. B. *çṛnvé*, s. oben S. 66) nennen, mit *á* sind gemeint die Formen auf *ā* wie *stavā* u. s. w., die den Kennern des Veda bekannt sind, mit *a* der Stamm der Verba der *a*-Conjugation. Solche Formen wurden nach L.'s Meinung eine Zeit lang ohne weitere Endungen (die wir Personalendungen nennen) in verbalem Sinne gebraucht, nachher empfingen Formen wie *bharā* und *bhara* die Suffixe *mi si ti* etc. durch Übertragung von Verben wie *dvish*, an denen sich die Stammausgänge *mi* etc. zu einer Art von Personalsuffixen adaptirt hatten.

Um nun die Glaubwürdigkeit dieser Hypothesen abzuschätzen, muss man vor allen Dingen zu der Ludwig'schen Auffassung der Sprache des Veda Stellung nehmen, denn es ist klar, dass die Adaptationstheorie eine mächtige Stütze erhalten würde, wenn die von L. behauptete Vieldeutigkeit der vedischen Formen sich nachweisen liesse. Ich habe schon früher die Meinung ausgesprochen, dass dieser Beweis nicht geführt worden ist und nicht geführt werden kann (Kuhn's Ztschr. 20, 212 ff.) und beharre um so mehr auf dieser Ansicht, als gerade in den letzten Jahren die fortschreitende Interpretation des Veda (an der ja Ludwig selbst einen nicht zu unterschätzenden Antheil hat) immer deutlicher gezeigt hat, dass sie ohne die Ludwig'schen Annahmen auskommt. Wenn nun diese Stütze der Adaptationstheorie entzogen wird, so bleibt nur ihre eigene innere Wahrscheinlichkeit als Beweis für sie übrig (denn die Ludwig'schen Lautgesetze haben selbst kein anderes Fundament als die Wahrscheinlichkeit der Theorie). Wie steht es nun mit dieser inneren Wahrscheinlichkeit? Wie mir scheint, würde es gewagt sein, wenn man den Gedanken, dass Flexionssuffixe aus Stammsuffixen hervorgegangen seien, auf der ganzen Linie der Grammatik zurückweisen wollte (wir werden demselben bei dem Nomen später noch begegnen), aber die Ludwig'sche Anwendung desselben auf das Verbum scheint mir nicht gerechtfertigt. Und selbst wenn man als möglich zugeben wollte, dass die Personen des Verbums sich aus Stämmen differenziert hätten, was mir sehr unwahrscheinlich dünkt, so bliebe immer noch die Frage zu lösen, woher denn die Ähnlichkeit der sogenannten Personalsuffixe mit den Pronominibus kommt, eine Ähnlichkeit, die doch nicht wegzuleugnen ist. Was Ludwig auf diese Frage zu antworten hat, sieht einer Incompetenzerklärung sehr ähnlich. Ich möchte namentlich die Aufmerksamkeit des Lesers auf einen der oben angeführten Sätze lenken, welcher so lautet: »als die zal dieser elemente wuchs, brachte man sie nach beiläufigen oft auch nach gar keinen analogien in zusammenhang und beziehung mit den unterdessen im pron. pers. auszgebildeten categorien der grammatischen personen«. Irre ich nicht, so hat der Verfasser selbst in diesem Satze, indem er die Beziehung zwischen Suffix und Pronomen oft nach gar keinen Analogieen eintreten lässt, an einem der wichtigsten Punkte seines Systems selbst auf jede Erklärung verzichtet, und hat damit den am schwersten wiegenden Einwand gegen seine Hypothese selbst formuliert. Die Adaptationstheorie, welche die unabhängige Entstehung der Personalsuffixe und der Pronomina annimmt, muss vor allem nachweisen oder doch wahrscheinlich machen können, wie trotz der unabhängigen Entstehung die auffallende Ähnlichkeit der betreffenden Elemente zu erklären sei. Und diesen Nachweis hat Ludwig nicht erbracht. Somit kann ich der Adaptationstheorie im Ganzen ebensowenig Wahrscheinlichkeit zuerkennen, als der Evolutionstheorie.

Sehen wir nun, was sich aus der Abweisung der beiden eben erwähnten Hypothesen folgern lässt. Die Thatsache einer die Erklärung durch Zufall ausschliessenden Ähnlichkeit zwischen einigen Personalsuffixen und Pronominibus, von welcher, wie wir sehen, jede Hypothese über die Entstehung der Flexion ausgehen muss, kann, so viel ich sehe, auf dreifache Weise erklärt werden. Entweder man nimmt an, dass die Endungen aus den Pronominibus entstanden sind, oder dass die Pronomina aus den Endungen entstanden sind, oder dass Endungen und Pronomina unabhängig von einander ent-

standen, und sich erst später angeähnlicht worden sind. Die
zweite und dritte Annahme erscheint mir, wie ich soeben erklärt habe, unwahrscheinlich. So bleibt denn, wenn man nicht
auf jeden Versuch einer Erklärung verzichten will (ein Standpunkt, der am Schlusse dieses Abschnittes gewürdigt werden
soll) nur die erste Hypothese übrig — die Bopp'sche.

Dieselbe wird auch noch von anderer Seite, nämlich
durch die Analogie der sogenannten agglutinierenden Sprachen
empfohlen.

Ich kann auf diesem Gebiete nicht aus eigener Anschauung
urtheilen, und beziehe mich daher lediglich auf die Ausführungen eines Kenners dieser Sprachen, nämlich Böhtlingk's
in der Einleitung zu seiner jakutischen Grammatik. Ich mag
seine gedrängte Entwickelung nicht durch einen Auszug ent-
stellen, sondern verweise den Leser auf das Studium dieser an
Belehrung reichen und neuerdings nicht mehr genug benutzten
Schrift. Um aber doch eine Vorstellung davon zu geben, was mit
der Verweisung auf Böhtlingk gemeint ist, theile ich eine
Stelle wörtlich mit (S. XXIV): »Fassen wir alle Erscheinungen
zusammen, so müssen wir eingestehen, dass in den indogermanischen Sprachen im Allgemeinen Stoff und Form weit
inniger verbunden sind als in den sogenannten agglutinirenden
Sprachen, dass aber in einigen Gliedern der ural-altaischen
Sprachen, namentlich im Finnischen und Jakutischen, Stoff
und Form nicht so ganz äusserlich an einander kleben, wie
Pott und andere Sprachforscher anzunehmen geneigt sind.
Auch muss ich offen bekennen, dass ich überhaupt die Art
und Weise, wie Stoff und Form in verschiedenen Sprachen
mit einander sich verbinden, für ein zu äusserliches Merkmal
halte, als dass ich darauf allein eine Eintheilung der Sprachen
begründen möchte. Die losere oder festere Verbindung des
Stoffes mit der Form steht in genauem Zusammenhange mit
dem Articulationsvermögen eines Volkes, aber auch mit dem
Alter und dem häufigen Gebrauch der Formen. In den indogermanischen Sprachen, die in Betreff dieser Verbindung eine
höhere Stufe als z. B. die ural-altai'schen einnehmen, hat nach
meiner innigsten Überzeugung die Formenbildung bedeutend
früher als in den zuletzt genannten Sprachen begonnen. Unter
diesen Sprachen wiederum ist das Finnische, wie ich glaube,
früher als das Türkisch-Tatarische und dieses wiederum früher
als das Mongolische zur Formenbildung geschritten. In den
ältesten Sprachdenkmalen der indogermanischen Völker ge-

wahren wir die grammatischen Formen auf einer Höhe, über
die hinaus kein weiterer Fortschritt geschehen ist; was auf
den Trümmern dieser Formen sich von Neuem gestaltete,
müssen wir in der Geschichte dieser Sprachen als eine neue
Formenschöpfung betrachten. Die ural-altai'schen Sprachen,
vielleicht mit Ausnahme des Finnischen, haben den Höhe-
punkt der ersten Formenbildung noch nicht erreicht: wenn
wir hier auf flexionslose Wörter stossen, so sind dies Ueber-
reste aus einer älteren Periode der Sprache, wo die Flexion
noch nicht entwickelt war; die flexionslosen Wörter der
neueren indogermanischen Sprachen dagegen sind in der
Regel verwitterte Flexionsformen. Eine Vergleichung der
mongolischen und kalmückischen Volkssprache mit der Schriftsprache zeigt uns ganz deutlich, wie Formen sich in der jüng-
sten Vergangenheit gebildet haben. Die mongolische Schriftsprache kennt noch keine affigirten Pronomina, weder Posses-
siva noch Prädicativa; in der Sprache der heutigen Burjaten
haben sich beide Arten von affigirten Pronominibus, aber nicht
in durchgängig unterschiedener Form, entwickelt, so dass
beim Verbo eine Abwandlung nach den Personen stattfindet.
Dieselbe Erscheinung haben wir bei den Kalmüken: *üsädshi
bainu tschi* s i e h e s t d u zieht die Volkssprache in *üsädshünütsch,
ögüngädshi bainai bi* i c h w e r d e b a l d g e h e n, i c h b i n
i m B e g r i f f z u g e h e n in *ögüngädshünüb* zusammen. So
verbindet sich auch die Postposition *ätsä* mit seinem Nomen
zu einer untrennbaren Einheit und wird geradezu eine Casus-
endung: *chagása* w o h e r, in der Schriftsprache *chamigha ätsä*
Man sieht hieraus, wie voreilig aus dem Schicksal der indogermanischen Sprachen gefolgert worden ist, dass die Sprachen-
geschichte, so weit sie die Geschichte der Entwickelung der
Bildung der Sprachen sei, vor die Weltgeschichte falle.«
Namentlich der Schluss dieser Ausführungen ist für die hier
behandelte Frage von grossem Interesse. Denn die Beobachtung, dass in historischer Zeit Sprachformen durch Zusammensetzung entstehen, muss zu Gunsten der gleichen Annahme
für die sog. vorhistorische Zeit schwer in's Gewicht fallen.

Alles freilich, was hiermit für die B o p p sche Auffassung
beigebracht worden ist, kann nur dazu dienen, das Princip im
Allgemeinen zu empfehlen. Wie weit sich das Princip etwa im
Einzelnen bewähre, darüber kann nur die Specialdiscussion Auf-
schluss geben, zu der ich nunmehr übergehe. Ich mache dabei
drei Hauptabtheilungen: die Wurzeln, das Nomen, das Verbum.

I. Die Wurzeln.

a) Der Begriff der Wurzel.

Wie oben gezeigt worden ist, entnahm Bopp der grammatischen Tradition seiner Zeit und den indischen Grammatikern den Satz, dass die gesammte Wortmasse einer Sprache auf Wurzeln zurückgehe. Ob nun diese sogenannten Wurzeln als reale sprachliche Gebilde oder als Abstraktionen des Grammatikers anzusehen seien, darüber hat sich Bopp, der überhaupt allgemeinere Erörterungen nicht liebt, soviel ich sehe, nicht ausgesprochen. Dagegen ist die Frage von Pott in der ersten Ausgabe seiner Etymologischen Forschungen an verschiedenen Stellen und in der zweiten Auflage in einem über tausend Seiten starken Bande (der zweiten Auflage zweiten Theiles erste Abtheilung, Lemgo und Detmold 1861) eingehend erörtert worden. Seine Meinung ist (um es möglichst mit seinen eigenen Worten zu sagen) folgende: Wurzeln sind die Stammoberhäupter einer Wörterfamilie, die Einheit, die pyramidalische Spitze, in welche alle zu einer solchen Familie gehörigen Glieder auslaufen; nur Composita können als Wörtereheleute zweien Familien angehören. Wurzeln sind ferner nur ein Eingebildetes, eine Abstraction; factisch kann es in der Sprache keine Wurzeln geben: was in ihr auch äusserlich als reine Wurzel sich darstellen möge, ist Wort oder Wortform, nicht Wurzel; denn Wurzel ist eben eine Abstraction von allen Wortclassen und deren Unterschieden, die Lichtsammlung aus ihnen ohne Strahlenbrechung« (1. Aufl. 148), und ähnlich in der zweiten Auflage: »Wurzel ist nicht wie Buchstabe oder Sylbe, die bloss lautliche sondern auch begriffliche Einheit genetisch zusammengehöriger Wörter und Formen, welche dem Sprach-Bildner bei deren Schöpfung in der Seele als Prototyp vorschwebte, ja wo nicht ganz verdunkelt, mehr oder minder deutlich von jedem Redenden gefühlt wird mit Bezug auf diejenige Sprache (zumeist die Muttersprache), deren er sich bedient.« Dazu nehme man S. 194: »Die Wurzeln sind stets nur ideale, vom [wohl: dem] Grammatiker zu seinem Geschäft nöthige Abstractionen, die er indess unter strengem Ausschliessen [wohl: Anschliessen] an die gegebene Wirklichkeit aus der Sprache abzuziehen hat.« Pott leugnet also. dass die Wurzeln vor den Flexionsformen existirt haben: »Wenn nun behauptet werden muss, Declination entstehe in

den Sanskritsprachen durch Anfügung der Flexionssuffixe an
die Grundformen des Nomen, Conjugation durch die anderer
an die Wurzel oder den Stamm, so darf dies nicht so miss-
verstanden werden, als seien Grundform und Wurzel etwas
selbständig und unverbunden in der Sprache Vorhandenes,
oder gleichsam vor der Flexion in ihr vorhanden gewesen; es
ist nur die Meinung, dass die Grundform in allen Casus, die
Wurzel in allen Verbalformen als das noch Ununterschiedene,
als das ihnen Gemeinschaftliche enthalten sei, welches nur
die grammatische Analyse um wissenschaftlicher Zwecke
willen von allen mit ihnen in der Wirklichkeit vereinigten
Unterschieden zu befreien und in ihrer Einfachheit hinzustellen
bestrebt ist« (erste Aufl. I. S. 155) und ähnlich zweite Aufl.
S. 196 (vgl. auch erste Aufl. I, 179). Diese Definition von
Pott ist richtig, insofern sie richtig angiebt, welche Stelle
eine Wurzel innerhalb einer fertigen Flexionssprache einnimmt, aber sie ist einseitig insofern sie nicht angiebt, wie
die Wurzel zu dieser Funktion gekommen ist. Auf diese
Frage ist vom Standpunkt der Bopp'schen Hypothese aus
nur eine Antwort möglich. Wenn wirklich die Prototypen der
jetzt vorhandenen Flexionsformen durch Zusammensetzung,
insbesondere die Prototypen der Formen des verbum finitum
durch Zusammensetzung einer Verbal- mit einer Pronominalwurzel entstanden sind, so muss die Wurzel, ehe das Wort entstand, bestanden haben. Die Wurzeln sind darum in den
Wörtern enthalten, weil sie vor ihnen da waren und in ihnen
aufgegangen sind. Sie sind die Wörter der vorflexivischen
Periode, welche mit der Ausbildung der Flexion verschwinden.
Und daher erscheint denn dasjenige, was einst ein reales Wort
war, vom Standpunkte der ausgebildeten Flexionssprache aus
nur als ein ideales Bedeutungscentrum. Dieser durchaus fass-
liche und consequente Begriff der Wurzel ist heut zu Tage
wohl allgemein recipirt. Man vergleiche darüber ausser dem
was Curtius Chronologie 2 S. 23 anführt namentlich Benfey
Gött. Gel. Anz. 1852 S. 1782, und Steinthal Zeitschrift für
Völkerpsychologie 2, 453—486.

Ja es hat den Anschein, als könne auch Pott sich
schliesslich mit dieser Auffassung befreunden. Finden sich
doch auch bei ihm Stellen wie die folgende: »Es wäre denkbar, dass den Sanskritsprachen in der auf uns vererbten Gestaltung ein Zustand der grössten Einfachheit und Flexions-
losigkeit, wie ihn noch heute die chinesische Sprache nebst

anderen sog. monosyllabischen darbietet, vorausging (Et. F. [1], 2, 360). Wenn P o t t sich trotzdem gegen die hier vorgetragene historische Auffassung der Wurzel ablehnend verhält, so geschieht das offenbar aus kritischer Abneigung gegen die ursprachlichen Constructionen überhaupt. Aber diese Abneigung geht zu weit, wenn sie sich nicht etwa bloss gegen die Wurzelaufstellungen im Einzelnen, sondern gegen den ganzen Begriff der Wurzel als des Wortes der Urzeit wendet. Denn dieser Begriff der Wurzel ist eine nothwendige Consequenz der B o p p'schen Zusammensetzungstheorie, der ja auch P o t t anhängt.

Aus dem hiermit festgestellten Begriff der Wurzel ergiebt sich sogleich eine praktisch wichtige Folgerung. Wenn die Wurzeln nicht mehr in den Einzelsprachen, auch nicht mehr in der indogermanischen Flexionssprache, sondern nur in der hinter derselben liegenden Periode existirt haben, so kann man auch nicht von sanskritischen, griechischen, lateinischen, deutschen, slavischen u. s. w. Wurzeln reden, sondern nur von indogermanischen. Stellt man dennoch Wurzeln der Einzelsprachen auf, so haben diese keinen wissenschaftlichen Werth, sondern nur die Bedeutung praktischer Hülfsconstruktionen. Dabei macht die Alterthümlichkeit der einzelnen Sprachen keinen Unterschied. Sanskritische Wurzeln haben nicht mehr Berechtigung als neuhochdeutsche oder rumänische, denn der Umstand, dass in der alterthümlichen Sprache sich die ursprünglichen Wurzeln leichter herauserkennen lassen, kommt für die theoretische Beurtheilung nicht in Betracht. Liegt doch überall dasselbe historische Verhältniss vor: In unendlicher Ferne hinter aller Überlieferung liegt die Zeit, in welcher die indogermanische Flexion noch nicht existierte, in welcher man sagen wir *dā* gebrauchte, um geben, Geber u. s. w. auszudrücken. Als dann etwa *dāmi* ich gebe, *dātar* der Geber u. s. w. entstand, war damit die Wurzel *dā* als solche aus der Sprache entschwunden. Es waren fortan (nach Vollendung der Flexion) nicht mehr Wurzeln, sondern nur Wörter vorhanden. Und als nun endlich (vielleicht nach Tausenden von Jahren) sich aus dem Urvolk einzelne Völker absonderten, wie die Inder Hellenen u. s. w., brachten diese natürlich aus der ursprünglichen Heimat nichts mit als fertige Wörter. In manchen Wörtern hatte sich das was einst die Wurzel gewesen war noch deutlich erhalten, z. B. in δίδωμι δοτήρ u. s. w. des Griechischen, und diese Wörter bildeten dann natürlich in der Seele des Sprechenden eine zusammengehörige Masse, aber eine Wurzel δο oder δω existierte in der Sprache der Griechen nicht. Dagegen in anderen Fällen ist das Verwandte auch in so alterthümlichen Sprachen, wie das Griechische, schon nicht mehr durch Lautähnlichkeit zusammengehalten. So mag zwar dem Inder noch eine Beziehung zwischen *açús* (ὠχύς) und *açvas* (ἵππος) vorgeschwebt haben, aber der Grieche fühlte sicher zwischen ὠχύς und ἵππος nicht mehr die geringste Beziehung. Die moderneren Sprachen nun unterscheiden sich von dem Sanskrit, Griechischen u. a. eben nur dadurch, dass das Verhältniss, welches wir im Griechischen bei ὠχύς und ἵππος eingetreten sehen, in ihnen viel häufiger geworden ist.

Wenn es demnach klar ist, dass es unwissenschaftlich ist, von Wurzeln der Einzelsprachen zu reden, so ist es auf der anderen Seite doch wahrscheinlich, dass dieselben — ihrer Bequemlichkeit wegen — nicht aus der Praxis der Sprachwissenschaft verschwinden werden. Und es ist auch gegen die Anwendung von Hülfsfiguren nichts einzuwenden, sobald man sie nicht mit Realitäten verwechselt. Bei der Aufstellung dieser Wurzeln kommt natürlich auf die Form wenig an. Ob man φερ sagen will, oder φορ oder φαρ oder endlich φρ, ist lediglich eine Sache der Verabredung.

b) Die Klassen der Wurzeln.

Bopp äussert sich über die Klassen der Wurzeln folgendermassen: »Es gibt im Sanskrit und den mit ihm verwandten Sprachen zwei Klassen von Wurzeln; aus der einen, bei weitem zahlreichsten, entspringen Verba und Nomina (substantive und adjective), welche mit Verben in brüderlichem, nicht in einem Abstammungsverhältnisse stehen, nicht von ihnen erzeugt, sondern mit ihnen aus demselben Schosse entsprungen sind. Wir nennen sie jedoch, der Unterscheidung wegen und der herrschenden Gewohnheit nach, Verbal-Wurzeln. Aus der zweiten Klasse entspringen Pronomina, alle Urpraepositionen, Conjunctionen und Partikeln; wir nennen diese »Pronominalwurzeln«, weil sie sämmtlich einen Pronominalbegriff ausdrücken, der in den Praepositionen, Conjunctionen und Partikeln mehr oder weniger versteckt liegt.« Dieser Eintheilung haben sich eine Reihe von Gelehrten angeschlossen (vgl. G. Curtius, Zur Chronologie der indogermanischen Sprachforschung [Abh. der phil.-hist. Classe der sächsischen Ges. der Wiss.] Zweite Aufl., Leipzig 1873, S. 23, und Whitney, Sprachwissenschaft übersetzt von Jolly, München 1874, S. 389), wenn auch einige von ihnen andere Benennungen der beiden Klassen vorziehen, unter denen mir Max Müllers Bezeichnung prädicative und demonstrative die annehmbarste scheint.[1])

Von anderer Seite sind gegen Bopp's Ansicht Einwendungen erhoben worden, die sich folgendermassen formuliren lassen:

Zunächst ist bezweifelt worden, ob wirklich eine ursprüngliche Zweiheit der Klassen anzunehmen, und nicht vielmehr die demonstrative Klasse aus der prädicativen abzuleiten sei. Dieser Ansicht sind Gelehrte wie Jacob Grimm, Schleicher (vgl. Curtius Chronologie ², 24), Weber (Indische Studien 2, 406). Sie leiten z. B. den Pronominalstamm *ta* von *tan* dehnen ab, und das Pronomen der ersten Person *ma* von von *mā* messen (wobei Schleicher folgende Entwickelung der Bedeutung annimmt: messen, denken, Mensch, ich).

Theilweise schliesst sich ihnen Scherer an, indem er Zur Geschichte der deutschen Sprache ², 451 ausspricht, etwas werde doch wohl von dem, was Weber in dieser Beziehung behaupte, Bestand haben, aber er unterscheidet sich von den genannten Gelehrten dadurch, dass er auch ein Hervorgehen von prädicativen Wurzeln aus Raumvorstellungen annimmt.

Für mich hat keine der vorgebrachten Ableitungen etwas Wahrscheinliches, und ich möchte also soviel festhalten, dass eine Einheit hinter und über der von Bopp behaupteten Zweiheit nicht wahrscheinlich gemacht worden sei.

Eine eigenthümliche Ansicht, die sich theilweise mit der eben erwähnten deckt, hat Benfey ausgesprochen. Er nimmt ebenfalls an, dass die prädicativen Wurzeln der Grundstock aller Wurzeln seien, definirt diese selber aber enger als Bopp und die übrigen Sprachforscher. Während nämlich Bopp Nomen und Verbum als Zwillinge den prädicativen Wurzeln entstammen lässt, hält Benfey die Verben für das einzig-

---

[1]) Curtius Bezeichnung »nennende« Wurzeln (für praedicative) erweist sich bei dem Versuch, aus den zwei Klassen der Wurzeln die Redetheile zu entwickeln als unpraktisch. Indem man nämlich aus den »nennenden« Wurzeln das Verbum und Nomen ableitet, und als Characteristicum des letzteren angiebt, dass es »nennt«, während das Verbum »aussagt«, gelangt man dazu, den Terminus »nennen« zweimal in verschiedenem technischen Sinne zu gebrauchen.

Primitive, und giebt also den einsilbigen Urelementen, die auch er annimmt, nicht mehr den Namen Wurzeln, sondern primitive Verben. Er leitet also die ganze Masse indogermanischer Wörter aus primären Verben ab. Diese Theorie beruht hauptsächlich auf Benfey's Suffixtheorie. Und da ich, wie sich unten zeigen wird, diese nicht billigen kann, so halte ich auch ihre Consequenz, die einsilbigen primären Verben, nicht für annehmbar.

Die bisher erwähnten Ansichten haben das Gemeinsame, dass sie an die Stelle der von Bopp angenommenen Zweiheit mit mehr oder weniger Bestimmtheit die Einheit setzen möchten. Aber auch ein entgegengesetzter Einwand kann erhoben werden. Reichen die Bopp'schen Klassen aus? Können aus ihnen die überlieferten Redetheile ohne Rest abgeleitet werden? Bei dem Versuch einer solchen Ableitung stösst man (ganz abgesehen von den Zahlwörtern, deren Ursprung man nicht kennt) bei den Praepositionen und Partikeln auf erhebliche Schwierigkeiten. Die Praepositionen will Pott zu keiner der beiden Klassen stellen, sondern meint, sie seien sui generis und ebenso ursprünglich wie die Pronomina. Ich glaube nicht, dass es gelingen wird die Urpraepositionen des Indogermanischen mit einiger Sicherheit zu analysiren (mit dem Experiment Grassmann's in Kuhn's Zeitschritt 23, 559 ff. kann ich mich nicht befreunden), aber es ist doch klar, dass sie zu den Pronominibus in einem begrifflich nahen Verhältnisse stehen, und darum mag es gestattet sein, sie mit diesen unter eine Klasse zu bringen, aber mehr Bedenken erregen gewisse Partikeln, z. B. die Partikeln der Abwehr und Ermunterung *mâ* und *nú*. Wie diese Wörter, die weder eine Erscheinung benennen, noch den Sprechenden mit seiner Umgebung in augenblickliche Beziehung setzen, in eine der vorhandenen Abtheilungen eingefügt werden können, ist schwer zu sagen. Vielleicht wäre noch eine dritte Klasse anzusetzen, nämlich solche Wurzeln, welche als Begleiter von allgemeineren Empfindungen auftreten, und mit den Interjectionen, die doch nicht völlig von der Sprache auszuschliessen sind, zusammengehören.

Indessen auf diesem Gebiete ist schwerlich mit den Mitteln der inductiven Sprachforschung etwas Sicheres zu erreichen, wenn man auch, sobald die Lehre von den Redetheilen ernsthafter in Angriff genommen sein wird, wohl etwas weiter kommen wird, als wir jetzt sind. Immer wird auch der Er-

wägung der psychologischen Wahrscheinlichkeit Raum zu
gönnen sein, und somit die ganze Frage einer anders gearteten
und weiter ausgreifenden Diskussion zuzuweisen, als diejenige
ist, welche ich an dieser Stelle vornehmen kann.

c) Die Form der Wurzeln.

Über die Form der Wurzeln sagt Bopp, dass dieselben
ausser dem Gesetz der Einsilbigkeit keiner weiteren Einschränkung unterworfen seien. Derselben Meinung sind
Benfey, Curtius u. a., und Schleicher fügt noch die
Bestimmung hinzu, dass die Wurzel niemals einen Steige-
rungslaut, sondern immer nur den Grundvocal (*i u*) enthalten
dürfe.

Für die durchgängige Einsilbigkeit der Wurzeln wird zunächst ein so zu sagen philosophischer Grund angeführt, den
Adelung so ausdrückt: »Jedes Wurzelwort war ursprünglich
einsilbig, weil der noch rohe Naturmensch seine ganze Vorstellung mit einer Öffnung des Mundes hervordrängte.« Etwas sub-
tiler drückt sich Wilhelm von Humboldt aus: »Man geht
aber auch, wenn man die Frage bloss aus Ideen betrachtet, wohl
nicht zu weit, indem man allgemein annimmt, dass ursprünglich jeder Begriff nur durch eine Silbe bezeichnet wurde. Der
Begriff in der Spracherfindung ist der Eindruck, welchen das
Object, ein äusseres oder inneres, auf den Menschen macht;
und der durch die Lebendigkeit dieses Eindruckes der Brust
entlockte Laut ist das Wort. Auf diesem Wege können nicht
leicht zwei Laute einem Eindruck entsprechen« (angeführt bei
Pott, Wurzeln S. 216). Auf derselben Bahn bewegt sich
Curtius, Chronologie 23, wenn er sagt: »Auch darin befinde
ich mich im Einklang mit den meisten Sprachforschern, dass
ich den Wurzeln Einsilbigkeit beilege. Blitzartig, hat man
gesagt, bricht die einheitliche Vorstellung in einem Lautcom-
plexe durch, der in einem Moment vernehmbar sein müsse.«
Es liegt auf der Hand, dass ein solches Räsonnement, so an-
sprechend es ist, doch nichts Zwingendes haben kann, und
es kommt daher Alles darauf an, ob für die angenommene Einsilbigkeit ein empirischer Beweis zu führen ist. Man findet
eine Wurzel, indem man einem Worte alle Bildungssilben ab-
streift. Wenn sich nun durchweg ergiebt, dass der nach dieser
Operation übrig bleibende Wortkern einsilbig ist, so wäre der
Beweis für die These geliefert. Aber dieser Beweis bewegt

sich in einem Cirkel. Wurzel ist, was nicht Bildungssilbe ist, und Bildungssilbe, was nicht Wurzel ist, wo aber der Schnitt zwischen beiden zu machen sei, das zu entscheiden ist Sache unserer grammatischen Erwägung. Wie nun, wenn diese Erwägung in die Irre ginge, wenn wir z. B. *gamati* er geht, nicht *gam-a-ti* sondern *gama-ti* zu theilen, also eine zweisilbige Wurzel anzunehmen hätten?

Inwieweit die hier angestellte hypothetische Betrachtung etwa richtig sein könnte, darüber mögen uns vielleicht die Untersuchungen belehren, welche neuerdings über die Geschichte und Entwickelung der Wurzeln angestellt worden sind. Ich theile desshalb über diese Untersuchungen das Nöthige mit.

Es kann nicht bezweifelt werden, dass die Wurzeln, welche wir (wesentlich nach dem Vorgang der indischen Grammatiker) als indogermanisch anzusetzen pflegen, nicht alle auf derselben geschichtlichen Ebene stehen, dass man vielmehr unter denselben ältere und jüngere Bildungen zu unterscheiden hat. Bei diesem Versuch hat P o t t einen Weg eingeschlagen, der jetzt (mit Recht wie mir scheint) verlassen worden ist, indem er annimmt, dass in den Anfangslauten der Wurzeln häufig Praepositionen oder sonstige Praefixe stecken, wie er denn z. B. *svād* »Gefallen finden« aus *su ā ad* »gut an essen« erklärt (vgl. gegen diese Erklärungsweise die Polemik von C u r t i u s Grundzüge [5], 32 ff.). Die entgegengesetzte Methode wendet C u r t i u s an, indem er vielfach Endconsonanten als neuere Zusätze, sogenannte Wurzeldeterminative loslöst, also z. B. *judh* kämpfen und *jug* verbinden aus einer gemeinsamen Urwurzel *ju* herleitet, ohne übrigens über die Natur und den Ursprung dieser Determinative etwas Bestimmtes aussagen zu wollen. In C u r t i u s' Fussstapfen ist dann F i c k getreten, der in demjenigen Abschnitte seines Wurzelwörterbuchs, welches den Titel »Wurzeln und Wurzeldeterminative« führt, einen sehr umfassenden Versuch der Wurzelzerlegung unternommen hat.

Er ist dabei zu folgendem allgemeinen Ergebniss gelangt: »Die Urwurzel kann bestehen 1. aus einem blossen Vocal (*a i u*), 2. *a*-Vocal + Consonant (*ad, ap, as*), 3. Consonant oder Doppelconsonant + *a*-Vocal (*da, pa, sa; sta, spa, sna*). Alle anders oder voller gestalteten Wurzeln sind entweder durch Lautschwächung (z. B. *ki* aus *ka*, *gi* aus *ga*, *tu* aus *ta*) aus den Urwurzeln entstanden oder durch angetretene Determinative aus denselben weitergebildet.« Den Beweis für diese Behauptung sucht er empirisch zu führen durch den Nachweis, dass sämmtliche oder doch beinahe alle Wurzeln, deren Gestalt den obigen drei Kategorien nicht entspricht, sich ungezwungen nach Form und Bedeutung auf die jenen drei Gestalten conformen Wurzeln zurückführen lassen.

Um zu zeigen, wie es bei dieser Zurückführung zugeht, führe ich ein Beispiel an:

ka tönen.
ka, ka-n canere, tönen, klingen.
　ka-k lachen.
　ka-t lärmen, schwatzen.
　ka-r rufen, nennen.
　　kar-k, kra-k tönen, lachen krächzen = *kru-k* dass.
　　kar-d, kra-d rauschen, tönen.
　　kra-p lärmen, jammern, jämmerlich sein, vgl. skr. *karuna*
　　　jämmerlich.
　　kru hören, vgl. arisch *kra-tu* Einsicht.
　　　(*kru-k* schreien, krähen, krächzen, wohl erst aus *krak* ent-
　　　　standen).
　　　kru-s hören.
　ka-s anzeigen, rühmen, loben.
　kās husten.
　ku schreien, heulen.
　　ku-k schreien, heulen.
　　ku-g winseln, zirpen.
　　ku-d lärmen, schmähen.

Neuerdings hat Fick (Bezzenberger's Beiträge 1, 1 ff.) diese Theorie erheblich modificirt, indem er in allen den von ihm angenommenen Determinativen nunmehr Reste von Silben sieht. »Sind Formen wie *mak, star, dam* durch Composition der primären Wurzeln *ma, sta, da* mit einem zweiten Gliede gebildet, so ist ganz ausser Frage, dass die Produkte dieser Composition ursprünglich *ma-ka, sta-ra, da-ma* gelautet haben müssen, denn Elemente wie *k r m*, d. h. blosse Consonanten giebt es im Indogermanischen gar nicht, es kann daher auch niemals mit ihnen operirt sein.« Demnach ist Fick der Ansicht, dass, um das oben angeführte Beispiel wieder zu gebrauchen, *gamati* in *gama-ti* zu zerlegen, und *gama* als zweisilbige Secundärwurzel anzusehen sei, welche aus der Urwurzel *ga* mittels Anfügung von *ma* entstanden wäre.

Schon vor Fick, hatte Ascoli[1]) (in seinen Studj ario-

---

[1]) Ich habe es nur wegen der Ausgeführtheit der Fick'schen Darstellung für angemessener erachtet, seine Erörterungen dem Leser zuerst vorzuführen.

semitici 1865) wesentlich dasselbe Räsonnement angestellt,
und ist neuerdings in dem einleitenden Brief über die paläon-
tologischen Reconstructiouen der Sprache in seinen Kritischen
Studien (Weimar 1878) wieder darauf zurückgekommen. Er
drückt sich daselbst u. a. so aus: »Zugleich ergiebt sich, dass
sehr viele wurzelhafte Complexe des indo-europäischen Wörterbuchs, statt ihrer alten Bedeutung als wahrer erster Elemente,
wahrer Wurzeln als ursprünglicher Monosyllaba treu zu
bleiben, eine genaue Analyse gestatten, wodurch sie als Zusammensetzungen eines wirklich ursprünglichen Monosylla-
bum und eines oder mehrerer hinzukommender Elemente
(derivativer, determinirender oder ergänzender Art, wie man
es nennen will) nachgewiesen werden, so dass diese anscheinenden Wurzeln in der That Reductionen von zweisilbigen
(oder auch dreisilbigen) Aggregaten sind, Reductionen oder
Ausschälungen, die in Wirklichkeit nie ein selbständiges
Leben hatten, sondern nur durch die Verbindung der alten
Aggregata mit neuen accessorischen Elementen von andrer
derivativer oder flexionaler Bedeutung erreicht werden. So
ergiebt sich z. B. dass in der Sprache der Arier vor ihrer Trennung zwar der Lautcomplex SKID (schneiden, spalten, lat.
scid-, zd. *çk'id-* u. s. w.) mit *i* bestand, dass aber zugleich
positive Nachfolger des gleichbedeutenden SKAD (zd. *çkeñda*
u. s. w.) und des ebenfalls gleichbedeutenden SKA (SAK-A;
skr. *k'hā*, lat. *sec-*) vorhanden sind; und wir würden in der
That von *skid* auf *ska-da* zurückgehen. Für ,laufen' hatten
die Arier vor ihrer Trennung einen Lautcomplex DRAM (skr.
dram, gr. δρεμ-), der jedoch eigentlich DRAMA heisst; DRA
tritt auf in dem gleichbedeutenden *drā* des Indischen und
Griechischen (ἔ-δρα-ν); ein drittes Synonym, das indische
dru (*drava-ti*), kann sicherlich sein *u* nicht für ursprünglich
ausgeben. Das accessorische Element von DRAM zeigt sich
wieder in TRAM (TRA-MA; lat. *trem-* u. s. w.), dessen wahre
wurzelhafte Grundlage wieder in der gleichbedeutenden Verbindung TRAS (TRA-SA, skr. *tras*, gr. τρεσ- τρέω) und auch
in TRAP (TRA-PA; z. B. im lat. *trepidus*) auftritt. In ähnlicher Weise würden wir für das skr. *kr̥t* ,schneiden' (vgl.
κείρω) auf KAR-TA (neben KARA) oder für das zd. *çtakh-ra*
,was Widerstand leistet, fest steht' auf STA-KA zurückgehen,
und so weiter in unzähligen anderen Fällen.«
    Bei der Beurtheilung dieser Anschauungen wird man
Folgendes festzuhalten haben: Durch die Existenz von *jug*

neben *ju, dram* neben *drā* u. s. w. ist in der That der Gedanke
nahe gelegt, dass Wurzeln durch das Hintenantreten neuer
Elemente weitergebildet worden sind. Dass diese Elemente
ursprünglich nicht aus einzelnen Buchstaben, sondern aus
Silben bestanden haben, ist ebenfalls eine sehr natürliche Annahme. Es ist also gegen die Vermuthung, dass neben den
einsilbigen Wurzeln auch zweisilbige bestanden haben mögen,
im Allgemeinen nichts einzuwenden.

Im Einzelnen freilich ergeben sich grosse Schwierigkeiten.
So kann man z. B. verschiedener Meinung darüber sein, wie man
das zweite *a* in dem indischen Präsens *gamati* auffassen soll. Soll
man annehmen, dass *gama* in *gamati* die uralte zweisilbige
Wurzelform sei, oder ist aus *gama* in der vorflexivischen Periode
bereits *gam* geworden, und daraus das Präsens *gam-a-ti* abgeleitet, mit einem Suffix *a*, dessen Existenz F i c k zwar leugnet,
das anzunehmen man aber doch, wie ich weiter unten zeigen
werde, nicht umhin kann? Am meisten Schwierigkeit macht,
wie mir scheint, die Bedeutung. Soll man wirklich annehmen
können, dass die ältesten Wurzeln eine so allgemeine und
blasse Bedeutung gehabt hätten, wie »tönen«? Spricht nicht
vielmehr alles dafür, dass so sinnenfällige Erscheinungen wie
rauschen, singen, lachen u. s. w. (deren Bezeichungen F i c k
erst aus der Bezeichnung für tönen ableitet) zuerst sprachlichen
Ausdruck gefunden haben?

Doch es ist nicht meine Absicht, hier näher auf diese erst
in den allerersten Anfängen befindlichen Untersuchungen einzugehen. Ich wollte nur zeigen, durch welches Räsonnement
ein moderner Sprachforscher dahin gelangen kann, neben einsilbigen Wurzeln auch zweisilbige anzusetzen.

Ich habe endlich noch ein Wort über die S c h l e i c h e r -
sche Ansicht von dem Vocal in der Wurzel zu sagen. Wir
haben von den indischen Grammatikern die Anschauung über-
kommen, dass aus den Grundvocalen *i* und *u* durch Steigerung
Diphthonge gebildet werden können, und sind ihnen meist
auch darin gefolgt, dass wir den Wurzeln die einfachen Vocale
beilegen, also *i* (gehen) und nicht *ai* (oder *ei*), *ruk* (leuchten)
und nicht *rauk* oder *reuk* schreiben. Dabei ergiebt sich aber
eine Schwierigkeit. Wenn wir aus dem Präsens *eimi imás* die
Wurzel *i* ausziehen, so müssten wir für *ásmi smás* consequenter
Weise eine Wurzel *s* aufstellen (vgl. B e g e m a n n, Das schwache
Praeteritum, Berlin 1873, IX ff.). Nun sind zwar Wurzelformen
wie *s, pt, bhs* gewiss schon in den Wörtern der Ursprache er-

schienen (vgl. B r u g m a n, Morphol. Untersuchungen I, 11), dass sie aber schon in der Wurzelperiode als selbständige Sprachelemente vorhanden gewesen seien, ist nicht glaublich. Man wird vielmehr für die Wurzelperiode keine anderen Formen aufstellen können als *as, pat, bhas* oder *es* u. s. w. und folglich nicht *i*, sondern *ai* (oder *ei*). Damit müsste denn die bisherige Auffassung der Vocalsteigerung umgekehrt werden, und das ist in der That auch von mehreren Gelehrten geschehen (vgl. P a u l und B r a u n e, Beiträge 6, 408). Doch mangelt noch eine systematische Darstellung. Für unseren Zweck ergiebt sich mindestens die Folgerung, dass die S c h l e i c h e r'sche Ansicht über den Wurzelvocal nicht als ein nothwendiges und für immer feststehendes Resultat gelten kann.

So viel über die Form der Wurzeln. Als den wichtigsten Gesichtspunkt möge der Leser dabei folgenden festhalten: Gegeben sind nur Wörter. Wir ziehen aus ihnen die Wurzeln mittels grammatischer Operationen. In diesen aber können wir irren, und die Meinungen über das, was richtig und was falsch ist, können wechseln. Es steht also mit der Form der Wurzeln gerade so wie mit der Form der Worte in der S c h l e i c h e r'schen Ursprache. Dass einst vor der Flexion sogenannte Wurzeln die Wörter der Ursprache gewesen sind, steht fest, wenn überhaupt die ganze B o p p'sche Analyse Bestand hat, an der Form aber, welche man der einzelnen Wurzel giebt, zeigt sich nichts, als die Meinung der Gelehrten über die Art, wie die überlieferten Wörter der indogermanischen Sprachen zu zerlegen sind.

II. Das Nomen.

a) Die Stammbildungssuffixe.

Im Indogermanischen giebt es bekanntlich Nominalformen, die entstehen, indem das Casuszeichen unmittelbar an die Wurzel tritt, so z. B. *duc-s*, während die Mehrzahl zwischen Wurzel und Casuszeichen noch gewisse Elemente zeigt, die wir Stammbildungssuffixe nennen. Dieselben bestehen bald aus einem einfachen Vocal, bald aus einem Consonanten und einem Vocal wie *ta, na, ra*, oder auch aus einem Vocal und einem Consonanten, wie *as*, oder sie sind von vollerer Gestalt, wie *tar, tama, mant* u. s. w. Über die aus blossem *a, i* oder *u* bestehenden Suffixe urtheilte B o p p anfänglich noch

schüchtern und mit Anklängen an die Schlegel'sche Auffassung, indem er sich in einer akademischen Abhandlung
vom 28. Juli 1831 (S. 15) so äusserte: »Der dünne Körper derselben lässt bei den Verbalwurzeln, die sie zu Wörtern machen,
in das Leben einführen und mit Persönlichkeit bekleiden, die
uralte Zusammensetzung am leichtesten übersehen. Man mag
vorziehen, jene Laute gleichsam als die Füsse anzusehen, die
einer Wurzel beigegeben oder angewachsen sind, damit sie
sich in der Declination darauf bewegen könne; man mag sie
auch als geistige Emanationen der Wurzel ansehen, die, man
braucht nicht zu bestimmen wie, aus dem Schoosse der
Wurzeln hervorgetreten, und nur einen Schein von Individua-
lität haben, an sich aber Eins mit der Wurzel oder nur ihre
organisch entfaltete Blüthe oder Frucht seien. Mir scheint
aber die einfachste und durch die Genesis anderer Sprach-
stämme [1]) unterstützte Erklärung den Vorzug zu verdienen;
und da nichts natürlicher ist, als dass im Ganzen die Wortbildung, wie überhaupt die Grammatik, auf der Verbindung
von Bedeutsamem mit Bedeutsamem beruht, so scheint es mir
kaum dem Zweifel unterworfen, dass das *a* z. B. in दम *dam-a*
bändigend, Bändiger darum stehe, um die Person zu vertreten, welche das was die Wurzel दम *dam* bezeichnet, an
sich trägt oder ausübt; दम *dam-a* ist also gleichsam eine dritte
Person des Verbums, im nominalen. substantiven oder adjec-
tiven Zustande, unabhängig von Zeitbestimmungen.« Mit
grösserer Sicherheit wird — wie schon bemerkt — diese
Theorie in der vergleichenden Grammatik vorgetragen, und
daselbst überhaupt die Majorität der Stammbildungssuffixe
aus Pronominibus abgeleitet, während für einen Theil (z. B.
-*tar*) die Zurückführung auf prädicative Wurzeln unternommen
wird. Der Meinung Bopp's schliesst sich im Wesentlichen
Pott an (Etym. Forschungen, 1. Aufl., II, 454 ff.). Schleicher und Curtius weichen insofern ab, als sie die Herleitung aus prädicativen Wurzeln aufgeben, also z. B. *tar* aus
den zwei Pronominalwurzeln *ta* und *ra* deuten möchten (vgl.
auch Kuhn in seiner Zeitschrift 14, 229). Dagegen hat sich
Scherer wieder der prädicativen Wurzeln angenommen, ja
er möchte dieser Art von Ableitung einen erheblich grösseren
Spielraum gewähren, als Bopp that, wie er denn z. B. es für

---

[1]) Vorher (S. 14) war namentlich das semitische zur Vergleichung
herbeigezogen.

möglich hält, das Suffix *va* mit der Wurzel *av* »sich sättigen«, »erfüllen« in Zusammenhang zu bringen.

Dass man sich bei dem Versuch, die Stammbildungssuffixe zu erklären, an die beiden Bopp'schen Wurzelclassen oder an eine derselben wendete, ist für die Anhänger der Bopp'schen Agglutinationstheorie selbstverständlich. Ich muss aber (im Einverständniss mit Scherer) gestehen, dass ich mir nur die Herleitung von Suffixen aus prädicativen Wurzeln recht anschaulich machen kann, da wir für diese Herleitung die treffliche Analogie unserer deutschen Suffixe *-bar -heit -thum* zur Verfügung haben. Für die Annahme, dass in vielen Suffixen Pronomina stecken, spricht freilich die formelle Gleichheit oder Ähnlichkeit derselben mit Pronominalwurzeln, aber es ist schwer das geistige Band aufzufinden. Man kann sagen, das Pronomen bedeute die Person oder das Ding im Allgemeinen, welches dann durch die vorgetretene prädicative Wurzel näher bestimmt werde (so Windisch in Curtius' Studien 2, 402) oder das Pronomen weise wie ein Artikel auf das schon fertige Wort hin (so Curtius in seiner Chronol.): — immer wird man darüber befremdet sein müssen, dass so viele Suffixe in ungefähr gleicher Bedeutung neben einander erscheinen, und dass sich so gar nichts von dem specifischen Sinne der Pronomina in den Suffixen entdecken lassen will.

Unter diesen Umständen ist es nicht zu verwundern, dass Versuche zu anderweitiger Erklärung der Stammbildungssuffixe gemacht worden sind, so von Benfey, und mit Beschränkung auf einige Suffixgestalten von Scherer und Fick.

Benfey hat seine Theorie an verschiedenen Orten vorgetragen, in seinen Abhandlungen in der Kieler Monatsschrift vom Jahre 1854, in seiner kurzen Sanskritgrammatik, in seiner Zeitschrift Orient und Occident an verschiedenen Stellen, am kürzesten und übersichtlichsten in einem Aufsatz im neunten Bande von Kuhns Zeitschrift: »Ein Abschnitt aus meiner Vorlesung über vergleichende Grammatik der indogermanischen Sprachen«. Wie sich die Theorie praktisch verwerthen lässt, ersieht man am bequemsten aus Leo Meyer's vergleichender Grammatik der griechischen und lateinischen Sprache, zweiter Band, Berlin 1865.

Diese Benfey'sche Theorie lässt sich folgendermassen zusammenfassen. Die in den überlieferten Sprachen so höchst mannichfach gestalteten Suffixe sind nicht von Anfang an verschieden gewesen, es lässt sich vielmehr sehr wahrscheinlich machen, dass sie alle oder doch fast alle aus der einen Grundform *ant* abzuleiten sind, welche in dem Participium praesentis activi erscheint. Dieses *ant* selber aber ist aus der dritten Person Pluralis auf *anti* metamorphosirt. Also aus *bharanti* sie tragen ist *bharant-* tragend entstanden, daraus *bhara-* der Träger u. s. w. Denn das ursprüngliche *ant* hat eine grosse Reihe von lautlichen Veränderungen erfahren, indem *ant* sich zu *at* schwächte, zu *an* und weiter zu *a* abstumpfte, *at* in *as*, *an* in *ar* umlautete, *a* sich in *i* verwandelte, und so Stämme auf *it in is* entstanden, ferner durch Hinzutritt »des pronominalen Themas *a*« *anta ata ana ara asa isa* hervorgingen u. s. w., u. s. w. Auch die Suffixe, welche vorn ein *v* oder *m* zeigen, wie *vant* und *mant* gehören vielleicht ihrem Ursprunge nach ebendahin. Denn vielleicht ist auch *vant* aus einer dritten Person plur. *vanti* hervorgegangen, welche zu einem Perfectum mit *v* gehört. Dieses Perfectum mit *v* aber ist zusammengesetzt mit *bhū* sein, und das *v* der letzte Rest von *babhūva*. Das Suffix *mant* seinerseits soll aus *tmant* entstanden sein, und dieses aus *tvant; tvant* selbst aber ist vielleicht ein Participium von *tu* »stark sein« (vgl. B e n f e y , Kurze Sanskritgrammatik § 366 Bem. S. 212). Dieses *tvant* hat sich dann im Laufe der Zeit verschiedentlich differenzirt, so dass es sich einerseits zu *tva*, andererseits zu *māna* entwickelte.

Wären nun alle diese Behauptungen erweislich, und also alle oder fast alle Suffixe auf *ant* zurückgebracht, welches seinerseits aus der dritten Person plur. *anti* herstammt, so wäre damit zugleich der Beweis geliefert, dass alle Nomina aus Verbis herstammen und also die oben (S. 77) erwähnte Hypothese von den »primären Verben« gerechtfertigt.

Gegen die hiermit skizzirte Theorie sprechen nun aber gewichtige Gründe, namentlich die folgenden:

Erstens: Es lässt sich in keiner Weise deutlich machen, wie das Participium aus der dritten Person des Plurals entstanden sein soll. Eher liesse sich das Umgekehrte begreifen (siehe darüber unten S. 97).

Zweitens: Bei den Verwandlungen der Suffixe werden Lautvorgänge angenommen, die sich sonst nicht nachweisen lassen. Namentlich ist auch die Annahme bedenklich, dass unter gleichen Verhältnissen eine Form sich zu gänzlich verschiedenen Gestaltungen entwickelt haben soll, wie z. B. *tvant* zu *tva* einerseits und *māna* andererseits.

Drittens: Wenn alle Nomina schliesslich auf Bildungen
mit *ant* zurückgehen, so muss man anmehmen, dass die in der
ältesten indischen Literatur so häufigen suffixlosen Nomina
wie *dvish ud* u. s. w. einst Suffixe gehabt und sie dann (natürlich schon in uralter Zeit) verloren haben. Benfey macht
auch diese Annahme, sie kann aber, so viel ich sehe, durch
nichts Anderes gestützt werden, als eben durch das Bedürfniss
des Systems. Endlich muss noch darauf hingewiesen werden,
dass schliesslich doch nicht alle Suffixe sich aus *ant* herleiten
lassen, und Benfey selbst gelegentlich von Pronominibus
als einer Quelle der Suffixe Gebrauch machen muss.[1]) Ich
kann aus diesen Gründen der Benfey'schen Ansicht nicht
zustimmen, es versteht sich aber von selbst, dass mit der
Zurückweisung der Hypothese als eines Ganzen nicht auch
jede Herleitung eines Suffixes aus dem andern abgelehnt sein
soll. Ob eine solche anzunehmen sei, muss bei jedem einzelnen Falle besonders erwogen werden.

Scherer, dessen allgemeine Anschauungen über Suffixe schon erwähnt wurden, hat für eine Anzahl von Suffixen
die Hypothese aufgestellt, dass sie eigentlich Zeichen des
Localis, also die mittels derselben gebildeten Stämme Locale
seien. So äussert er über das Suffix *a* Folgendes: »Wenn man
sagt, *a* verleihe der Wurzel den substantiellen Sinn, es sei das
allgemeine Das oder in Bezug auf Personen das allgemeine Er,
so bewegt man sich in einer schwindelnden Höhe der Abstraction, auf die ich nicht zu folgen vermag. Alle meine Begriffe
von Sprache sträuben sich dagegen. Ich halte das *a* der
Stammbildung für nichts anderes als das *a* der Wortbildung,
will sagen: der Declination. Wir kennen seine locativische
Bedeutung und präpositionale Verwendung, die vom Sinne
der Verbindung mit Etwas ausgeht. Wie kann aber am einfachsten und sinnlichsten der Besitzer oder Vollbringer einer
Eigenschaft, eines Zustandes, einer Handlung ausgedrückt
werden? Wie anders als wenn gesagt wird, er befinde sich
in dieser Eigenschaft, diesem Zustande, dieser Handlung, er
sei mit ihnen verbunden« (ZGDS.[1], 331).

Dagegen möchte ich einwenden, dass bei dieser Auffassung der Träger der Handlung, der Besitzer oder Vollbringer der Eigenschaft doch eigentlich gar nicht ausge-

---

[1]) Eine eingehende Kritik der Benfey'schen Ansicht, mit welcher
die obigen Andeutungen übereinstimmen, findet man bei Zimmer, Die
Nominalsuffixe *a* und *ā* (Strassburg 1876).

drückt wird (denn ein *bhar-a* würde danach wohl bedeuten
»im Tragen« aber nicht ein er, der im Tragen ist), vor allen
Dingen aber, dass ich mit Kuhn (in seiner Zeitschrift 18,
365 ff.) überzeugt bin, dass sich ein locativisches Suffix *a*, wie
Scherer es annimmt, nicht nachweisen lässt, wie ich denn überhaupt nicht finden kann, dass Scherer die Priorität der Declination vor der Stammbildung wahrscheinlich gemacht habe,
und also die Erklärung eines Stammbildung - Suffixes aus
einem Localis anzunehmen nicht im Stande bin.

Fick endlich (der hier als dritter zu erwähnen ist) hat in
einem Aufsatz in Bezzenberger's Beiträgen (1, 1 ff.) die
Existenz eines Suffixes *a* überhaupt bestritten. Er geht von
der Annahme aus, dass diejenigen Stämme, denen man bisher
das Suffix *a* zuschrieb, im Grunde identisch seien mit gewissen Präsensstämmen, wie z. B. δόμο-ς mit dem Präsens-
stamme δεμο- in δέμομεν. Diese Präsensstämme nun zerlegt
er, gemäss seiner oben besprochenen Wurzeltheorie anders als
bisher meist geschehen war, nämlich δεμο- nicht in δεμ-ο,
sondern δε-μο, indogermanisch *da-ma*, und hält sich also,
indem er überall eine ähnliche Zerlegung durchführt, für überzeugt, dass ein normales Stammbildungssuffix *a* niemals existirt habe. Indessen stösst diese Folgerung auf die grössten
Schwierigkeiten. Man erwäge namentlich die folgende: Soll
man wirklich die Wurzel *av* erquicken, *as* sein, *an* athmen,
am bedrängen und eine Reihe anderer von gleicher Bildung
in *a-va* u. s. w. zerlegen und als Grundlage derselben, mithin
als einfachste Wurzelgestalt, *a* annehmen? Unter dieser Voraussetzung würde die älteste Sprache doch kaum mehr als verständlich bezeichnet werden können. Wenn die Fick'sche
Methode mathematisch sicher wäre, so würde man freilich
nicht umhin können, dies sonderbare Resultat sich gefallen zu
lassen, wie es Bezzenberger thut (Gött. Gel. Anz. 1879
Stück 18, S. 558); im vorliegenden Falle aber liegt die Sache
vielmehr so, dass man durch ein so unannehmbares Resultat
an der Richtigkeit der Methode irre werden muss. Ich kann
mich also nicht dazu entschliessen, dem Element *a* den Namen
eines Suffixes vorzuenthalten, und bemerke noch, dass, wie
sich weiter unten zeigen wird, auch das Auftreten des *a* in der
Tempusbildung nicht genügt, ihm die Qualität eines Nominal-
suffixes abzusprechen.

Demnach muss ich bekennen, dass ich keiner der angeführten Theorien mehr Geschmack abgewinnen kann als der

Bopp'schen. Ob es freilich auf diesem Gebiete überhaupt gelingen wird, zu mehr als einer gewissen Wahrscheinlichkeit zu gelangen, lässt sich billig bezweifeln.

Zum Schluss will ich nicht unterlassen, ausdrücklich zu bemerken, dass es mit der Realität der Stämme in den Einzelsprachen gerade so steht, wie mit der Realität der Wurzeln. Stämme hat es nur in der Grundsprache vor Entwickelung des Casus geben können. Wenn wir trotzdem griechische, lateinische u. s. w. Nominalstämme aufstellen, so geschieht das lediglich aus praktischen Rücksichten.

b) Die Casusbildung.

Wenn man bei der Betrachtung des indogermanischen Casus sich der Analogie der Declination in den finnisch-tatarischen Sprachen bedient, so kommt man leicht zu zwei Voraussetzungen, die sich überdies durch ihre Natürlichkeit zu empfehlen scheinen, den Voraussetzungen nämlich, dass einst auch im Indogermanischen jeder Casus in allen Numeris nur ein und dasselbe Zeichen hatte, und dass ein allgemeines Pluralzeichen vorhanden war. Indessen will es nicht gelingen, die Richtigkeit dieser beiden Voraussetzungen (von denen sich bewusst oder unbewusst mehrere Gelehrte bei ihren Versuchen die Casussuffixe zu erklären, haben leiten lassen) an den in den indogermanischen Sprachen factisch vorhandenen Casussuffixen zu erhärten. Wir finden nicht nur die verschiedensten Zeichen für den gleichen Casus in den verschiedenen Numeris (z. B. im Gen. Sing. *as* und *sja* und im Plur. *ām*), sondern auch in denselben Numeris sind verschiedene Zeichen für einen Casus vorhanden (z. B. im Loc. Sing.), und Schleicher hat trotz aller Anstrengungen keineswegs das einstmalige Vorhandensein des pluralischen *s* in allen Casus des Plurals constatieren können. Dass auf der anderen Seite Einiges zu Gunsten der beiden oben bezeichneten Voraussetzungen spricht, lässt sich nicht verkennen, und es liegt also nahe, zu vermuthen, dass die ursprüngliche Gestaltung der indogermanischen Declination bis zur Unkenntlichkeit verschoben worden sei. Gründe für eine solche Verschiebung würden sich leicht darbieten. Es ist nämlich mehr als wahrscheinlich, dass ursprünglich im Indogermanischen erheblich mehr Casus vorhanden waren als diejenigen, welche wir jetzt in der Nominaldeclination des Sanskrit finden, und es wäre also möglich, dass, wo wir jetzt mehrere Endungen eines Casus zu erblicken glauben, ursprünglich wirklich mehrere Casus vorhanden waren, und dass solche Endungen verloren gegangen sind, welche zu den uns erhaltenen die vermissten Parallelen liefern würden.

Bei einer so hoffnungslosen Lage der Dinge halte ich es nicht für richtig, auf das Detail der versuchten Erklärungen einzugehen, sondern will mich begnügen, die beiden Hauptrichtungen, welche bei der Erklärung eingeschlagen werden können, kurz anzugeben. Man kann entweder annehmen, die Casussuffixe seien von vornherein zu dem Zwecke angefügt worden, um etwas den jetzigen Casus Aehnliches zu bezeichnen, und sieht dann in ihnen pronominale oder pronominale und präpositionale Elemente, oder man nimmt an, dass Stammbildungssuffixe zu Casussuffixen sich entwickelt haben, so dass z. B. der Genitiv auf -*sja* nichts wäre als ein Stamm in adjectivischer Verwendung. Diese letztere Meinung äussert für einige Casus Curtius, für die Majorität Abel Bergaigne (Mém. de la soc. de linguistique 2, 358 ff.), für alle Ludwig.

Ich sehe nicht ein, was sich principiell dagegen einwenden liesse, wenn man beiden Ansichten einen gewissen Spielraum gewährte (wie es Curtius thut), aber die Unsicherheit ist hier überall so gross, dass ich bei öfter wiederholter Erwägung der ganzen Frage (auf die ich bei syntaktischen Arbeiten immer wieder geführt worden bin) zu nichts Anderem als einem sich stets aufdrängenden non liquet gekommen bin.

III. Das Verbum.

Bei der hier anzustellenden Betrachtung handelt es sich natürlich nicht um den Versuch einer Entstehungsgeschichte des Verbalsystems (wesshalb hier vieles von Dem unerörtert bleiben kann, was in Curtius Chronologie und neuerdings in meinen Grundlagen der 'griechischen Syntax — Synt. Forsch. IV — erörtert worden ist) sondern nur um die Frage, inwieweit sich beim Verbum die Agglutinationstheorie durchführen lasse. Ich werde desshalb nur handeln a) von den Tempusstämmen b) von den Modusstämmen c) von den Personalendungen.

a) Die Tempusstämme.

Unter den Tempusstämmen kommen zuerst die mannichfachen Formen des Präsensstammes in Betracht.
Über die für die Präsensstämme bezeichnenden Silben äusserte sich Bopp im Conjugationssystem S. 61 so: »Im Griechischen werden, wie im Sanskrit, gewisse zufällige Buchstaben den Wurzeln angehängt, die wie im Indischen nur in einigen temp. beibehalten werden, und in den übrigen wieder verschwinden. Man könnte, wie im Sanskrit, die Zeitwörter nach denselben in verschiedene Conjugationen eintheilen, welche dann mit den indischen in ihren Merkmalen grösstentheils übereinstimmen würden«. Diesen Worten gegenüber bezeichnet das was Bopp vgl. Gr. §. 495 äussert einen grossen Fortschritt. Die betreffende Stelle lautet dort so: »Es ist kaum möglich, etwas Zuverlässiges über den Ursprung dieser Silben zu sagen. Am wahrscheinlichsten ist mir, dass die meisten derselben Pronomina sind, wodurch die in der Wurzel in abstracto ausgedrückte Handlung oder Eigenschaft zu etwas Concretem, z. B. der Ausdruck des Begriffs lieben zum Ausdruck der Person wird, welche liebt. Diese Person aber wird durch die Personalendung näher bestimmt, ob sie ich du oder er sei.« Es ist damit schon angedeutet, was dann Benfey und Kuhn in Bezug auf den Präsensstamm mit *nu* ausgesprochen haben, nämlich dass derselbe eigentlich ein Nominalstamm sei, also z. B. der Präsensstamm *dhrishṇu* in *dhrishṇumás* »wir wagen« nichts anderes als das Adjectivum *dhrishṇús* »kühn«. Diese Erklärung ist dann auch auf andere Präsensstämme ausgedehnt worden, namentlich auf diejenigen, welche auf ein *a* endigen. Man erblickt nach dieser Lehre in dem ο/ε von λέγο-μεν λέγε-τε φεύγο-μεν φεύγε-τε nicht einen Bindevocal, der aus lautlichen Gründen eingeschoben sein, oder (wie Pott annahm) die Copula darstellen soll, sondern das Nominalsuffix *a*, von dem oben die Rede war. Ob die gleiche Auffassung für alle Präsensstämme gelten soll, darüber herrscht keine Einigkeit. So sieht Curtius in dem Präsenszeichen *ja* das Verbum *jā* gehen, andere das Nominalsuffix *ia* (vgl. Brugman Zur Geschichte der präsensstammbildenden Suffixe in den Sprachw. Abhandl. Leipzig 1874). Jedenfalls aber wären hiernach die überwiegende Anzahl der Präsensstämme eigentlich Nominalstämme, an welche die Personalendungen wie an Wurzeln angefügt wären, so dass z. B. in

ἄγο-μεν dasselbe Element steckte wie in ἀγό-ς Treiber und ein ursprünglich *ageti* also eigentlich bedeutete: »er ist Treiber«. Gegen diese Ansicht ist F i c k in zwei Aufsätzen im ersten Bande von B e z z e n b e r g e r's Beiträgen aufgetreten, deren einer schon oben erwähnt worden ist. Er constatiert zunächst dass Nominalstämme und Tempusstämme vielfach übereinstimmen (wobei er freilich den Vocalunterschied, wie er z. B. zwischen δόμο-ς und δέμο-μεν vorliegt, welcher sicher in die Ursprache zurückgeht, damals noch vernachlässigte) und schliesst daraus, dass es unerlaubt sei, in solchen Fällen von besonderen Nominalsuffixen zu reden. Nun lässt sich freilich aus der blossen Thatsache der Gleichheit von Nominal- und Tempusstämmen dieser Schluss noch nicht ziehen, denn die Gleichheit kann ja auch so entstanden sein, dass der selbständig gebildete Nominalstamm später dem Tempussystem angegliedert wäre, aber diese Gleichheit ist auch nicht F i c k's einziger Anlass für die Bekämpfung gewisser nominaler Stammbildungssuffixe. Es scheint vielmehr bei ihm ausserdem noch die Vorstellung wirksam zu sein, dass die Tempusstämme stets das prius seien. Ich sage »es scheint«, weil er sich, soviel ich sehe, nicht deutlich über diesen Punkt ausgesprochen hat, aber es finden sich eine Reihe dahin zielender Andeutungen, z. B. die folgende: »ἔρος μάχη βοσκός sind gar nichts als die nominal gebrauchten Verbalformen«, oder: »der Nachweis, dass die sogenannten nominalen *a*-Stämme mit verbalen *a*-Stämmen identisch sind«, wobei darauf zu achten ist, dass nur die nominalen Stämme, die F i c k überhaupt mit einer gewissen Ironie behandelt, das Epitheton »sogenannt« erhalten. Ferner spricht er von nominaler Umfärbung des ε zu ο (S. 14), findet also in dem Vocal des Verbums das Ursprüngliche u. s. w. Sind nun die Verbalstämme das prius, so entsteht natürlich die Frage, woher denn bei dem Verbum diese Elemente stammen, welche den Namen Suffix nicht mehr erhalten sollen. Für das Suffix *a* hat F i c k den oben (S. 81) besprochenen Versuch gemacht, für *ia* aber (das in dem zweiten Aufsatz behandelt ist) fehlt ein solcher. Man wird also, ehe man über F i c k's nunmehrige Anschauungsweise ein abschliessendes Urtheil fällen kann, abzuwarten haben, bis er seine Darstellung nach dieser Richtung hin vervollständigt.

Nach dem gegenwärtigen Stande der Untersuchung scheint mir die Sache so zu liegen: dass die Prototypen gewisser Tempusstämme und gewisser Nominalstämme dieselben sind, lehrt der Augenschein. Ob man nun annehmen soll, dass diese Prototypen weder verbalen noch nominalen Charakter hatten, also einen Sinn, wie wir ihn den Wurzeln zuschreiben (was Schleicher's Meinung ist) oder ursprünglich Nomina waren, die sich in das Verbalsystem einfügten, oder Verbalstämme, die nominal gebraucht wurden — diese Frage wird ein jeder nach der Vorstellung beurtheilen, die er sich von der Entwickelung der indogermanischen Flexion gebildet hat.

Ich komme zum Aorist und Futurum.

Wie oben gezeigt worden ist, wurde Bopp hauptsächlich durch einen scholastischen Irrthum betreffend die drei Redetheile zu seiner Hypothese geführt, dass in dem s-Aorist und dem Futurum die Wurzel *as* stecke. Die Herkunft der Hypothese kann also für ihre Richtigkeit nicht in die Schranken treten. Versuchen wir nunmehr zu ermitteln, ob sich etwa noch andere Gründe für dieselbe beibringen lassen.

Bopp findet einen solchen in dem Umstand, dass in einer Form des Sanskritaorists das *s* auch doppelt erscheint, z. B. in *ajāsisham* von *jā* gehen, wodurch allerdings die Annahme, dass das *s* einem Verbum angehöre, empfohlen wurde. Gegen diese Ansicht wendet Brugman (Curtius Studien 9, 312) ein, erstens dass man nicht recht einsehe, wozu hier die Reduplication dienen solle, und zweitens, dass sich von den Formen des Sanskrit aus eine leichtere und natürlichere Erklärung darbiete. Es giebt im Sanskrit die Aoriste *ájāsam ájāsīs ájāsīt* und *ávedisham ávedīs ávedīt*. Ist es nicht sehr natürlich, dass sich nach Analogie von *ávedisham* zu *ájāsīs* die erste Person *ájāsisham* bildete? Ich halte diese Vermuthung besonders desshalb für wahrscheinlich, weil dieser Aorist nur im Sanskrit nachgewiesen ist [1]. Ich kann desshalb nicht für ausgemacht halten, dass die Doppelheit des *s* in *ajāsisham* für die Bopp'sche Hypothese ein Gewicht in die Wagschale lege.

Dagegen wird man nicht leugnen können, dass die Bopp'sche Hypothese eine nicht geringe innere Wahrscheinlichkeit für sich hat. Denn die Annahme, dass neben der directen Flexion eines Verbums auch die indirecte durch Anhängung von Formen des Hilfsverbums *as* vollzogene gebraucht werden konnte, liegt sehr nahe (Über den Sinn und die Art der Zu-

---

[1] Bezzenberger freilich Beiträge 3, 159 Anm. ist anderer Ansicht. Doch vgl. dagegen Brugman, Morph. Unters. 3, 83 Anm.

sammensetzung können dabei noch verschiedene Ansichten bestehen, vgl. Curtius Chronologie 55 und 64).

Beweisen lässt sich allerdings diese Annahme nicht, und es darf daher nicht Wunder nehmen, dass ihr auch eine andere entgegengestellt worden ist, nämlich von Ascoli (vgl. Curtius a. a. O. und Kuhn's Zeitschrift 16, 148) welcher der Meinung ist, dass der Aoriststamm vielleicht ebenso gut wie die oben (S. 92) besprochenen Präsensstämme nominaler Natur sei. Es finden sich aber bei dem Aoriststamme keineswegs so plausible Anknüpfungspunkte, wie bei den Präsensstämmen, und mir erscheint desshalb diese Vermuthung nicht wahrscheinlich.

b) Die Modusstämme.

Johannes Schmidt hat in Kuhn's Zeitschrift (24, 303 ff.) nachgewiesen, dass das Zeichen des Optativs im Indogermanischen *iā* und *ī* war, und zwar *iā* überall, wo diese Silbe den Hochton hat, *ī* wo das nicht der Fall ist. Man wird demnach anzunehmen haben, dass *iā* die ursprüngliche Form des Moduselementes ist und *ī* daraus zusammengezogen. Kann nun dieses *iā* mit dem indischen Verbum *jā* gleichgesetzt werden? Gegen diese Ansicht, welche im Wesentlichen die Bopp'sche ist, spricht ein erhebliches (auch von Schmidt hervorgehobenes) Bedenken des Sinnes. Es lässt sich nämlich wohl die erste Person auf diese Weise erklären, aber nicht die zweite und dritte, also z. B. *hanjās* kann (so scheint es) unter dieser Voraussetzung nur heissen: du wünschest zu tödten, aber nicht, was es doch in der That bedeutet: ich wünsche dass du tödtest. Indessen ist doch die Frage, ob man an dieser Schwierigkeit die ganze Hypothese scheitern lassen soll. Man könnte ja vielleicht annehmen, dass die Bedeutung der ersten Person auf die der zweiten und dritten eingewirkt habe, oder man könnte auch andrerseits die Futurbedeutung als die ursprüngliche annehmen, und aus dieser den Wunsch ableiten (vgl. Synt. Forsch. 4, 115 ff.). Indem ich mir die nochmalige Erörterung dieser schwierigen Frage für eine andere Gelegenheit erspare, begnüge ich mich, an dieser Stelle verschiedene Möglichkeiten der Auffassung angedeutet zu haben.

Was den Conjunctiv betrifft, dessen Zeichen bekanntlich *a* ist, so sieht Scherer in dem *a* von *hanati* »er soll tödten« jenes *a*, in welchem er ein Locativsuffix erkennt. Dem

Sinne des Conjunctivs würde eine solche Auffassung allerdings
entsprechen (denn *hana* würde dann soviel bedeuten, als »zum
Tödten«) aber ich kann wie schon bemerkt (S. 89) nicht zugeben, dass ein Locativsuffix *a* im Indogermanischen vorhanden war. Somit kann der Scherer'sche Versuch nicht dazu
dienen, die Auffassung von Curtius zu discreditieren, wonach
der Conjunctiv seiner Form nach nichts anderes sein soll als
ein Indicativ, also der Conjunctiv *hanati* keine andere Bildung
als der Indicativ *bharati*. Den Sinn solcher Indicative fasst
Curtius als ursprünglich durativ auf, und sucht daraus den
Begriff des Conjunctivs abzuleiten, worin ich ihm Synt.
Forsch. I, beigestimmt habe. Ich gebe aber jetzt zu, dass
eine solche Bedeutungsvermittelung nichts Zwingendes hat,
und ich möchte desshalb darauf die Ableitung des Conjunctivs
aus dem Indicativ nicht gründen, aber die äusserliche Gleichheit von Formen wie *hanati* und *bharati* scheint mir auch jetzt
noch sehr entschieden dazu zu rathen, dass man für sie ursprüngliche Identität annimmt. Den Conj. mit *ā* möchte ich
mit Curtius als eine Art von Analogiebildung ansehen.
Hinsichtlich der Vertheilung der Bedeutung über die Personen
besteht bei dem Conjunctiv dieselbe Schwierigkeit wie bei
dem Optativ.

c) Die Personalendungen.

Die Annahme, dass in den Personalendungen des Verbums
Pronomina stecken, habe ich oben (S. 70 ff.) als wahrscheinlich bezeichnet, und gehe nun hier auf die Frage ob Agglutination oder nicht, nicht noch einmal ein, sondern hebe nur
hervor, was im Rahmen der Agglutinationstheorie erörterungs-
werth scheint.

Zunächst ist hervorzuheben, dass nicht von allen denjenigen
Gelehrten, welche die Affigierung im Grossen und Ganzen für
wahrscheinlich halten, dieselbe auch für alle Personen zuge-
geben wird. Namentlich besteht Zwiespalt hinsichtlich der
Erklärung der dritten Person Pluralis im Activum. Die Ähnlichkeit zwischen dem Part. Praes. Act. und dieser Person ist
so auffällig, dass es sehr nahe liegt zu versuchen, ob nicht die
beiden Formen mit einander in genetische Beziehung zu setzen
seien. Benfey hat diesen Versuch gemacht, indem er *-ant*
aus *-anti* herleitet. Ich habe mich oben (S. 87) gegen seine
Ansicht ausgesprochen. Den umgekehrten Weg haben Ascoli

und Brugman eingeschlagen, der letztere indem er sagt:
»Wer weiss, ob nicht *bháranti* der Stamm des Particips ist
(*bhárant*), den unsere indogermanischen Vorfahren als 3. pl.
gebrauchten und an den sie später, aber noch in grundsprach-
licher Zeit nach der Analogie von *bharati -i* anfügten?« (Morph.
Unters. 1, 137). Ob diese Ansicht oder die Pott'sche, dass
zwei Pronominalstämme (*na* und *ta*) in der Endung *nti* enthalten seien, mehr Wahrscheinlichkeit habe (um von der
Bopp'schen, wonach *n* symbolisch den Plural andeuten soll,
ganz zu schweigen), wird sich schwer entscheiden lassen.
Weiter als die genannten Gelehrten geht Scherer, der auch
die dritte Person des Singularis nominal auffasst, und zwar
als Localis eines Participiums. Aber es liegt kein Participium
vor, das zu der dritten Sing. in einem so nahen Verhältniss
stünde, wie das Part. Praes. Act. zu der dritten Plur., und so
scheint mir die gewöhnliche Auffassung, wonach der Stamm
ta (welcher sich der Form nach, auch im Mangel der Geschlechtsbezeichnung, an *mi* und *si* anschloss) in dem Suffix *ti*
steckt, die natürlichste (vgl. auch Kuhn in seiner Zeitschrift
18, 402 ff.).

Somit erscheint es als wahrscheinlich, dass die drei
Endungen des Singularis und die beiden ersten des Pluralis
(den Dualis lassen wir unerörtert) aus Pronominalwurzeln zu
deuten sind (welche in einem allgemeineren Sinn, als einer
der späteren Casus auszudrücken vermag, mit dem Verbum in
Verbindung treten), während für die dritte Pluralis die Möglichkeit offen gehalten werden muss, dass sie ursprünglich
(wie das lateinische *amamini*) nominal war, dann aber dem
System der Endungen angefügt, und den anderen Formen
assimilirt wurde.[1]

Sehr erheblichen Bedenken unterliegen alle Vermuthungen
über Zusammensetzungen, Verwandlungen und Verstümmelungen, welche die Personalendungen in der Ursprache erfahren haben sollen. Wenn man — um nur ein Beispiel anzuführen — annimmt, dass *si* aus *tva* entstanden sei, so ist
freilich der Beweis, dass es nicht so gewesen sein könne, nicht
zu führen, aber ebenso wenig lässt sich auch diese Annahme
durch einen analogen Vorgang in der Ursprache stützen; sie

---

[1] Dasselbe wird für Suffix -*tāt* des Imperativs angenommen, welches
zuerst von Scherer, und nach ihm von Brugman als Ablativ gedeutet
worden ist. Doch ist der Übergang von der Ablativbedeutung zum Imperativ schwer zu finden.

beruht lediglich auf der inneren Wahrscheinlichkeit der Vermuthung, dass die Suffixe zweiter Person alle einem Stamme angehören. Nun ist aber diese Wahrscheinlichkeit nicht so überwältigend gross, dass jeder Zweifel ausgeschlossen wäre. Denn warum könnten nicht (so fragt Brugman, Morph. Unters. 1, 135) für das Pronomen zweiter Person ebenso gut zwei Stämme angenommen werden, wie bei dem Pronomen erster Person, wo man doch gewiss nicht Formen wie *nas* und *vajám* auf dieselbe Stammform zurückbringen will?

Ähnlich steht es mit der Erklärung der Medialendungen aus doppelt gesetzten Pronominibus. Zwar der Zusammenhang mit den Activendungen ist ja unzweifelhaft, aber den Weg, den die Entwickelung der einzelnen Medialformen gewonnen hat, wird man schwerlich sicher ermitteln können. Namentlich erwäge man noch folgendes Bedenken. Schleicher und Curtius erklären die einzelnen Formen für sich, nehmen also an, dass sich in jeder Form der Process der Zusammensetzung und Verstümmelung vollzogen habe. Aber liegt es nicht vielleicht ebenso nahe anzunehmen, dass die Gleichheit der Ausgänge zum Theil auf Anlehnung beruht? Auch die andere Theorie, wonach in dem *ai* des Mediums Vocalsteigerung vorliegt, ist nicht unbedingt überzeugend, so dass ich also bei der Synt. Forsch. IV, 69 ausgesprochenen Meinung beharren muss, wonach keine der vorgebrachten Erklärungen so sicher ist, dass man syntaktische oder andere Gebäude darauf errichten könnte.

Und nicht anders steht es bei den übrigen Fragen, die hier in Betracht kommen. In jedem einzelnen Falle scheint sich mir zu ergeben, dass unser Material nicht ausreicht, um zwischen den verschiedenen Möglichkeiten der Entwickelung, die sich darbieten, eine sichere Wahl zu treffen. Dürfen wir doch auch nicht vergessen, dass die Formen, welche wir durch die Vergleichung der einzelnen indogermanischen Sprachen erschliessen, schon eine lange Entwickelung hinter sich haben, eine Entwickelung, welche vielleicht die betreffenden Formen so umgestaltet hat, dass es unmöglich geworden ist, das ursprüngliche Gepräge noch zu erkennen.

Schon bei der Erörterung des Begriffes Wurzel hat sich herausgestellt, dass wir in der Geschichte des Indogermanischen zwei Perioden zu unterscheiden haben, nämlich die vorflexivische oder die Wurzelperiode, und die flexivische. Zwar hat Bopp diesen Gedanken nicht direct ausgesprochen, und Pott hat ihn sogar abgewiesen (wenn auch nicht consequent, wie wir sahen), er ist aber, wie S. 75 gezeigt worden ist, die unausweichliche Folgerung aus den Bopp'schen Analysen. Aber auch die Flexion kann sich nicht auf einen Schlag vollzogen haben, sondern muss in verschiedenen Akten vor sich gegangen sein, so dass die flexivische Periode wieder in Unterabtheilungen zerfallen muss. Es ist ein Verdienst besonders von Curtius, diesen Gedanken, dass in der Entwickelung der Sprache Schichten zu unterscheiden seien, wie in der Lagerung der Gesteine, durch seine Schrift Zur Chronologie u. s. w. in den Vordergrund der Diskussion gestellt zu haben.

Eine andere Frage aber ist, ob es ihm (oder einem anderen, etwa Scherer) gelungen ist, die Perioden, welche die Bildung der indogermanischen Flexion wirklich durchlaufen hat, mit Wahrscheinlichkeit festzustellen. Ich fühle mich in Gemässheit dessen was in diesem Capitel entwickelt worden ist, nicht in der Lage diese Frage zu diskutieren. Jedes Hypothesengebäude hat zur Voraussetzung, dass eine Anzahl von einzelnen Hypothesen vorhanden sind, die an und für sich als gesichert angesehen werden dürfen, an welche sich dann die minder gesicherten anlehnen können. Nachdem ich aber zu allen einzelnen Formanalysen eine mehr oder minder skeptische Stellung eingenommen habe, muss ich jetzt die Consequenz ziehen, dass sich aus diesem Material kein Bau aufführen lässt. Ich muss mich also darauf beschränken zu behaupten, dass unzweifelhaft die Flexion sich nicht auf einen Schlag, sondern allmählich entwickelt hat, bezweifle aber, ob unser Material ausreicht, die Perioden der Entwickelung zu fixieren.

Anders freilich läge die Sache, wenn wir noch neues Material zuzuführen im Stande wären. Und diesen Versuch hat Ascoli gemacht. Dieser ausgezeichnete Sprachforscher, der zugleich auf dem indogermanischen und semitischen Gebiet heimisch ist, nimmt an, dass die indogermanische und die semitische Grundsprache aus einer gemeinsamen Quelle hervorgegangen seien, und dass sie sogar gewisse Nominalstämme und den Anfang der Declination gemein haben. Wäre diese Annahme richtig, so wäre damit also bewiesen, dass die Flexion des Indogermanischen mit der Bildung der Nominalstämme begonnen hat. Ich kann über Ascoli's Beweisführung nicht urtheilen, da mir die Autopsie auf dem Gebiete des

Semitischen fehlt, und muss mich daher zu meinem Bedauern
begnügen, die Leser auf Ascoli's Ausführung selbst (am bequemsten Kritische Studien 21) zu verweisen.

_____

Wir wenden uns nunmehr, nach Schluss der Specialdis-
kussion, wieder zum Anfang dieses Capitels zurück, und
fragen: Hat sich denn nun die Agglutinationstheorie im Einzelnen bewährt? Ich möchte kaum glauben, dass der geduldige
Leser, welcher mir durch die ganze vorstehende Ausführung
gefolgt ist, mit einem zuversichtlichen Ja antworten wird.
Denn im besten Fall hat sich uns für die Einzelanalysen eine
gewisse Wahrscheinlichkeit, nicht selten das kahle non liquet
ergeben. Wir sind also am Schluss einer langen und müh-
samen Wanderung dem Ziele nicht näher gekommen. Auch
jetzt noch können wir nichts weiteres behaupten als was oben
behauptet wurde, dass das Princip der Agglutination das einzige sei, welches eine verständliche Erklärung der Formen
gewährt.

Ein anderes Princip als dieses ist uns nicht begegnet,
namentlich nicht die sogenannte symbolische Erklärung,
zu der Bopp in einigen Fällen seine Zuflucht nimmt, und der
Pott in weiterem Umfange huldigt. Auf diese Erklärungsweise hier näher einzugehen, fühle ich mich nicht befähigt.
Denn so viel ich sehe, ist sie so subjectiv, dass eine Diskussion
des Für und Wider nicht angestellt werden kann.

Unter diesen Umständen, da aus der ganzen Verhandlung
nichts anderes gerettet worden ist als das Princip der Agglutination, liegt es nahe zu fragen, ob man nicht besser thun
würde, die sprachwissenschaftliche Metaphysik gänzlich auf-
zugeben und sich auf dasjenige zurückzuziehen, was man
wissen kann, also die Aufgabe der indogermanischen Sprachwissenschaft dahin festzusetzen, dass sie die Grundformen (im
Schleicher'schen Sinne) erschliesst und aus ihnen die
Einzelformen erklärt. Wie wir oben sahen, hat Johannes
Schmidt eine dahin gehende Meinung ausgesprochen, und
gewiss stimmen ihm viele Sprachforscher bei.

Ich glaube aber doch nicht, dass diese Anschauungsweise
allgemein werden wird. Die Versuche, die Sprachformen zu
zerlegen, beruhen schliesslich doch nicht auf willkürlichen
Entschlüssen und Einfällen der Gelehrten, sondern haben gewisse sprachliche Thatsachen zur Grundlage (so z. B. die
Ähnlichkeit der Personal- und Stammbildungssuffixe mit ge-

wissen Pronominibus u. ähnl.), und werden also vermuthlich
auch in Zukunft wiederholt werden. Ob freilich jemals ein
befriedigenderes Resultat als das jetzige erreicht werden wird,
das zu entscheiden ist nicht Sache der Gegenwart.

Sechstes Kapitel.

Die Lautgesetze.[1])

Nachdem in dem ersten Theile dieser Schrift kurz ange-
geben ist, wie der Begriff des Lautgesetzes in der Sprachforschung zu immer steigender Wichtigkeit gelangt ist, lasse
ich nun eine Erörterung desselben folgen. Ich werde dieselbe
so einrichten, dass ich zuerst den Standpunkt von Georg
Curtius darlege und an diesen dann meine eigene Erörterung
anknüpfe. Übrigens habe ich nicht die Absicht in dieser Erörterung etwas Neues zu sagen, sondern will mich nur bemühen, dasjenige, was von Anderen gesagt worden ist, zu-
sammenzufassen und möglichst übersichtlich darzustellen.

Um den Standpunkt von G. Curtius richtig würdigen
zu können, muss man bedenken (was heut, wo Curtius'
Grundsätze öfter als zu lax bekämpft werden, leicht vergessen
werden kann), dass sein Streben vorzüglich darauf gerichtet
war, in der Lautwelt eine strengere Ordnung nachzuweisen, als
seinen Vorgängern gelungen war, und somit für die Etymologie
eine festere Methode zu begründen. Träten — so sagt er
Grundz. S. 80 — in der Lautgeschichte wirklich so erhebliche
sporadische Verirrungen und völlig krankhafte unberechen-
bare Lautentstellungen ein, wie sie von manchen Gelehrten
mit Zuversicht angenommen werden, so müssten wir in der
That auf alles Etymologisieren verzichten. Denn nur das gesetz-
mässige und innerlich zusammenhängende lässt sich wissen-

---

1) Die neuere Literatur über diesen Gegenstand findet man in der
eingehenden und lehrreichen Abhandlung von Misteli über Lautgesetz
und Analogie in Lazarus und Steinthal's Zeitschrift für Völkerpsychologie 11, 365 ff. Im Folgenden sind ausser dem, was Misteli anführt, namentlich noch die einschlägigen Abhandlungen von Benfey und
seinen Anhängern hinzugezogen.

schaftlich erforschen, das willkürliche höchstens errathen, nie erschliessen. »So schlimm aber steht es, denke ich, nicht«, vielmehr »lassen sich gerade in dem Leben der Laute am sichersten feste Gesetze erkennen, die sich beinahe mit der Consequenz von Naturkräften geltend machen« (81). Curtius will desshalb, wenn er auch von der regelmässigen Lautvertretung eine unregelmässige oder sporadische unterscheidet, damit keineswegs sagen, dass ein Theil der Lautverwandlung allen Gesetzen enthoben und somit dem Zufall und der Willkür preisgegeben sei. »Es versteht sich, wie er anderswo (90) bemerkt, von selbst, dass wir weder die eine noch die andere Lautbewegung für zufällig halten, sondern von der Ansicht ausgehen, dass Gesetze, wie die ganze Sprache, so auch diese lautliche Seite durchdringen.«

Wie nun trotz dieser durch die ganze Sprache waltenden Gesetzlichkeit Trübungen und Abnormitäten in der Lautvertretung bestehen können, wird uns klar werden, wenn wir die Art dieser Gesetzlichkeit näher in's Auge fassen.

Curtius findet zunächst in der ganzen Lautbewegung eine durchgehende Tendenz oder Richtung. Die Grundrichtung der Lautveränderung ist die abwärts steigende, abnehmende, oder, wie Curtius es am liebsten ausdrückt, die Verwitterung (409). »Denn in der That liegt die Vergleichung mit den durch atmosphärische Einflüsse allmählich abnehmenden und hinschwindenden, trotzdem aber so beharrlich ihren Kern bewahrenden Gesteinen sehr nahe.« Natürlich liegt bei den Lauten der Grund der Abnahme nicht in der Einwirkung äusserer Mächte, sondern beruht auf der menschlichen Bequemlichkeit, die sich die Aussprache immer leichter und leichter zu gestalten sucht. »Bequemlichkeit ist und bleibt der Hauptanlass des Lautwandels unter allen Umständen« (23). Die Bequemlichkeit äussert sich aber hauptsächlich in zwei Richtungen. Einmal vertauscht man die unbequemere Artikulationsstelle gern mit der bequemeren und demnach lässt sich, da die weiter nach hinten gelegene Stelle die unbequemere ist, als allgemeine Richtung der Lautbewegung die Richtung von hinten nach vorn feststellen. So entsteht wohl p aus k, aber nicht k aus p. Sodann ersetzt man den seiner Art nach schwerer sprechbaren Laut durch den leichter sprechbaren, es gehen mithin z. B. die sog. Explosivlaute in die sog. Fricativlaute über, während der entgegengesetzte Gang nicht vorliegt. So wird wohl t zu s, aber nicht s zu t. Diesen

Hauptnormen, deren Gültigkeit C u r t i u s im Speciellen nachzuweisen sucht, ist aller Lautwandel unterworfen, auch der
sporadische. Auch für die sporadische Lautvertretung muss
uns der Grundsatz als Richtschnur dienen, dass nur ein Übergang des stärkeren Lautes in den schwächeren, nicht umgekehrt zu erwarten ist (437).

Diese allgemeinen Normativbedingungen also darf der
Lautwandel nicht überschreiten, aber innerhalb derselben ist
ihm eine gewisse Freiheit der Bewegung nicht zu verwehren.
So ist das ursprüngliche *a* in den europäischen Sprachen bald
durch *a* bald durch *e* oder *o* vertreten, ohne dass man bestimmte Gründe für diesen Wechsel der Färbung aufzufinden
vermöchte, die indogermanische gutturale Tenuis erscheint im
Griechischen bald als ϰ bald als π bald als τ, wiederum ohne
dass es gelänge, die Gründe der Spaltung genügend zu ermitteln, und neben diesen Unregelmässigkeiten, die sich immerhin noch einigermassen in ein System oder doch unter eine
Rubrik bringen lassen, giebt es vereinzelte Abnormitäten, wie
z. B. wenn ein anlautendes *s* regelmässig im Griech. wegfällt,
aber ein σῦς neben ὗς erhalten bleibt, und vieles andere derart,
das jedem aus der Praxis bekannt ist.

Freilich ist C u r t i u s nicht gesonnen, diese grosse Masse
der vereinzelten Ausnahmen, Unregelmässigkeiten, Trübungen,
Stockungen oder wie er sie sonst nennt, für gänzlich unerklär-
bar zu halten, sondern sucht die Kräfte ausfindig zu machen,
welche dem normalen Verlauf des Lautwandels hemmend in
den Weg treten können. Als solche Kräfte bezeichnet er
namentlich zwei, das Streben die bedeutungsvollen Laute oder
Silben zu conservieren, und die Analogie. Über den ersteren
Punkt hat er sich vor Allem in seinen Bemerkungen über die
Tragweite der Lautgesetze insbesondere im Griechischen und
Lateinischen (Ber. der phil.-hist. Classe der Königl. Sächs.
Ges. der Wissenschaften 1870, vom ersten Juli) ausgesprochen.
C u r t i u s führt in dieser Abhandlung aus, dass Laute und
Silben, die als bedeutungtragend empfunden werden, der
Verwitterung länger Widerstand leisten als andere, und dass
also bei der Beurtheilung des Lautwandels die Wichtigkeit
des Lautes nicht vernachlässigt werden darf. Als Beispiel
diene, was über das ι des Optativs bemerkt wird: »Im Allgemeinen hatten die Griechen eine starke Neigung den Diph-
thongen auf ι den letzteren Laut vor Vocalen zu entziehen,
daher αω, εω, οω für älteres *ajāmi*, ποέω häufig für ποιέω u. s. w.

Derselben Neigung folgten sie im Gen. Sing., wo schon vor
Alters οιο zu οο und weiter zu ου dor. aeol. ω herabsank. Dagegen blieb das οι in Optativformen wie δοίην, λέγοιεν, γενοίατο,
ποιοίην unangefochten. Nur als aeolisch ist λαχόην = λάχοιμι
überliefert (Ahr. 133). Offenbar bedurfte das Moduszeichen
grösserer Schonung als das ι des Genitivs. Der letztere Casus
blieb auch ohne ι, ja selbst nach erfolgter Contraction klar er-
kennbar, die Optativbildungen würden ohne jenes Jota fast
unkenntlich, jedenfalls aber den übrigen Formen desselben
Modus sehr unähnlich werden« u. s. w.

Über den zweiten Punkt, die Analogie, hat Curtius
nicht zusammenfassend gehandelt, wohl aber, wie auch andere
Sprachforscher, gelegentlich von der Analogie als einem
Princip der Erklärung Gebrauch gemacht. Wie wichtig die
Vorstellung, die man sich von dem Wirken der Analogie bildet,
für die gesammte Auffassung der Sprache sei, ist ihm keineswegs
entgangen. Namentlich ist ein Satz der oben angeführten Abhandlung (vom Jahre 1870) S. 2 von Interesse, der so lautet:
»Für die Sprachforschung sind zwei Fundamentalbegriffe von
der höchsten Wichtigkeit, der der Analogie und der des Lautgesetzes. Ich glaube mich nicht zu irren, wenn ich behaupte,
dass auf der Ausdehnung, welche man jedem dieser beiden
Begriffe im Leben der Sprachen glaubt geben zu müssen, ein
grosser Theil der Meinungsverschiedenheit beruht, welche
über Einzelfragen stattfindet.«

Durch diese beiden geistigen Mächte, das Gefühl für den
Begriffswerth eines Lautes und die Macht der Analogie lassen
sich eine Reihe von Entgleisungen erklären, aber längst nicht
alle. Es bleiben nach Curtius Anschauung noch eine ziemlich grosse Anzahl zurück, und zwar möchte ich besonders auf
einen Punkt, der mir vor Allem wichtig erscheint, aufmerksam
machen. Curtius nimmt nicht ganz selten an, dass aus
einem und denselben Laute oder einer und derselben Lautgruppe unter völlig gleichen Verhältnissen Verschiedenes entstehen konnte. Ein Beispiel dafür bietet die Declination des
Comparativs. Aus dem vorauszusetzenden μείζονσος konnte
e n t w e d e r mit Erhaltung des σ μείζοσος und daraus μείζους
werden, o d e r mit Erhaltung des ν (vielleicht durch μείζοννος
hindurch) μείζονος (Erl. zu Curtius griech. Schulgr. 68).
Solche Doubletten (wie Bréal sie nennt Mém. de la soc. de
linguistique de Paris I, 162 ff.) können wie mir scheint von
Curtius nur erklärt werden unter der Voraussetzung, dass

die Sprechenden nach freier (natürlich unbewusster) Ent-
schliessung eine Wahl zwischen vorliegenden Möglichkeiten
trafen. Sie sind für die Auffassung des Lautgesetzes, wie sich
noch herausstellen wird, von besonderer Wichtigkeit.

In dem hiermit, wo nicht geschilderten, doch in seinen
Hauptlinien gezeichneten System von Curtius ragen drei
Begriffe besonders hervor: das Lautgesetz, die Analogie, die
Conservierung des Lautes durch den Sinn. Ich bespreche diese
drei Begriffe in umgekehrter Reihenfolge.

Was zunächst den letzten Punkt, den Einfluss des
Sinnes auf den Laut angeht, so kann ich mich nicht davon überzeugen, dass Curtius Anschauung das Richtige
trifft. Schon eine allgemeine Erwägung spricht dagegen. Man
ist, wie mir scheint, nicht berechtigt anzunehmen, dass die
Inder und Griechen noch ein Gefühl für die Bedeutsamkeit
des einzelnen Lautes in einer Sprachform gehabt hätten, welches uns abhanden gekommen wäre. Denn auch ihnen waren,
wie uns, von Generation zu Generation nur fertige Sprachformen überliefert, und jene Urzeiten, in denen die indogermanische Formen nach der Bopp'schen Annahme aus bedeutsamen Elementen zusammengesetzt wurden, lagen für sie nicht
weniger wie für uns in dämmernder Vorzeit, von der keine
Kunde mehr zu ihnen dringen konnte. Dazu kommt, dass sich
im Einzelnen plausiblere Erklärungen für mehrere der von Curtius behandelten Erscheinungen bieten dürften. So lässt sich
glaube ich, die Erhaltung des ι im Optativ, von dem oben die Rede
war, richtiger als ein Erfolg der Wirkung der Analogie auffassen.
In der That scheint es das Natürlichste anzunehmen, dass
δοίην blieb (nicht zu δόην wurde) weil es mit δοῖμεν δοῖτε u. s. w.
zu einer Reihe verbunden war. Dieselbe Bewandtniss hat es
mit dem *is* des Genetiv in *noctis* (Curtius a. a. O. S. 22), das
durch die zahllosen *is* im Genetiv gehalten wurde, während im
Nominativ eine gleiche Analogie nicht in dem Grade wirken
konnte, dieselbe Bewandtniss auch mit dem ι von φύλαξι, das
geschützter war, als das von ἐνί u. s. w. Für anderes, was
Curtius anführt, mag sich eine andere Erklärung finden, so
wird für die Deutung der verschiedenen Formen von Präpo-
sitionen, wie Curtius selbst andeutet, die Verschiedenheit
der Accentuation, je nachdem sie proklitisch gebraucht werden oder nicht, in Anschlag zu bringen sein. Es würde also
in diesem Falle, da der Accent ein für die Laut-Erscheinung

des Wortes sehr wesentlicher Faktor ist, die Erklärung auf der lautlichen Seite zu suchen sein. Natürlich bleibt von dem, was Curtius in der angeführten Schrift als der Erklärung bedürftig zusammenstellt, manches für mich dunkel, aber so viel möchte ich doch behaupten, dass für die Annahme, solche Laute, welche als bedeutungstragend empfunden worden, seien gegen sonst wirksame Lautgesetze gelegentlich conserviert worden, überzeugende und einwandsfreie Belege noch nicht beigebracht worden sind.

Ich halte also dafür, dass man bis jetzt kein Recht habe, diesen Begriff in das Repertorium der Sprachwissenschaft aufzunehmen.

Über den zweiten der von Curtius hervorgehobenen Begriffe, die Analogie, ist oben schon historisch berichtet worden. Ich wiederhole hier, dass man zwar auch früher dieses Princip nicht verkannt hat [1]), dass man aber neuerdings durch verschiedene Beweggründe (namentlich das Beispiel der modernen Sprachen, die Überzeugung dass die Neubildungen der einzelnen Sprachen auf Nachbildung beruhen, und vor Allem das Streben in den Lautveränderungen ausnahmslose Gesetze nachzuweisen) zu einer viel häufigeren Anwendung desselben gelangt ist. Es fragt sich, ob und in welcher Weise sich dies Verfahren rechtfertigen lässt, und ob es möglich ist, der Anwendung des Analogieprincipes gewisse Grenzen zu stecken, und innerhalb desselben gewisse Unterscheidungen und Abtheilungen festzuhalten.

Was den ersten Punkt, die Abgrenzung des Gebietes, betrifft, so sind, so viel ich sehe, brauchbare Vorschriften bisher nicht aufgestellt worden. Zwar hat Misteli a. a. O. S. 410 den Grundsatz ausgesprochen, es dürften nicht zu viele und nicht zu verwickelte Analogiewirkungen für den einzelnen Fall angenommen werden, aber durch diese allgemeine Anweisung sieht man sich im einzelnen Falle nicht gefördert, weil jedesmal die Frage, was ist viel? und was ist verwickelt? verschieden beantwortet werden wird.

---

[1]) Misteli hätte ausser Pott und Curtius namentlich Benfey anführen können, der sich schon im Jahre 1865 Or. und Occ. III, 225 über die Vedensprache so äusserte: »Nicht ohne Absicht habe ich hier und durchweg in dieser Abhandlung auf die Fälle der falschen Analogien aufmerksam gemacht, durch welche die Vedensprache gewissermassen nach den verschiedensten Richtungen getrieben wird.«

Auf den ersten Blick einleuchtender ist ein andere Erwägung. Es liegt nahe anzunehmen, dass die anziehenden
(Analogie bewirkenden) Formen zahlreicher sein müssen, als
die angezogenen. Aber bei näherer Betrachtung ergiebt sich
das Räsonnement als nicht stichhaltig. Mir wenigstens scheint
B r u g m a n Recht zu haben, wenn er K u h n 's Zeitschrift
24, 50 und Morph. Unters. I, 82 ff. ausführt, dass die Wirkungen der Analogie allmählich eintreten, also eine Form zunächst eine zweite, diese zwei eine dritte, vierte und fünfte
und diese dann weiter die folgenden bis zur tausendsten u. s. w.
an sich ziehen können, so dass man sich wohl denken könne, dass
nur einige wenige Formen das Muster für tausende geworden
sind. In der That liegen ja auch solche Fälle vor, wie denn z. B.
B r u g m a n die schon von anderen Gelehrten constatierte Thatsache anführt, dass vier altslavische Verben *jesmĭ vĕmĭ damĭ*
jamĭ es erreicht haben, dass im neuslovenischen und neuserbi-
schen die Verba aller Conjugationsklassen in der ersten Person
Singularis auf -*m* endigen, u. a. m. (vgl. Morph. Untersuch.
a. a. O.).

Ich meine also, dass über die Grenzen, innerhalb deren
der Vorgang der Analogiewirkung sich hält, bis jetzt etwas
Förderliches kaum beigebracht worden ist.

Eher lässt sich vielleicht etwas sagen über die verschiedenen Arten der Analogiebildungen. Da eine Analogiebildung
eine Formveränderung ist, welche in Folge einer Association
von Vorstellungen eintritt, so kann man eine Eintheilung nach
folgenden drei Gesichtspunkten unternehmen: nach der A r t
d e r p s y c h i s c h e n V o r g ä n g e, welche bei einer solchen
Bildung eine Rolle spielen, nach der B e s c h a f f e n h e i t d e r
b e t r o f f e n e n W ö r t e r, und nach dem E r g e b n i s s d e r
A n a l o g i e w i r k u n g. Ich will diese drei Punkte in der
Kürze besprechen, und zwar zunächst die Eintheilung nach
den psychischen Vorgängen.

Über diesen Gegenstand hat M i s t e l i Mancherlei beigebracht, was zur Einleitung der Diskussion, die noch nicht
ernstlich begonnen hat, dienen kann. Ich will mich hier auf
die Hervorhebung eines Punktes beschränken. Es wird nämlich ein Gewicht darauf zu legen sein, dass man unterscheide,
ob eine Formübertragung sich so zu sagen von selbst vollzieht
(wie das bei der grossen Majorität der Fall ist) oder ob von
den Sprechenden, weil die lautgesetzlich nothwendige Form
aus irgend einem Grunde unbequem ist, nach einer ander-

weitigen Bildung gesucht wird, und als der Abschluss dieses
Suchens eine Formübertragung eintritt. Ein Fall der letzteren
Art ist der Dat. abl. plur. auf -*abus*, der häufig bei *deabus
filiabus* und *libertabus*, vereinzelt auch bei andern Wörtern
vorkommt. Wie die Stellen bei Neue I², 22 auf das deut-
lichste beweisen, sind diese Dativ-Ablative da entstanden, wo
eine Unterscheidung von den entsprechenden Formen der
Masculina nothwendig wurde. Man sagte ohne Anstoss *di
deaeque, deorum dearumque, deos deasque*, aber wie sollte man
im Dativ und Ablativ sagen, etwa *dis disque?* Ein gleicher
Übelstand ergab sich bei dem Gebrauch von *filia* in Testamen-
ten, oder sonstigen Bestimmungen *quae pertinent ad necessi-
tatem juris.* Gesetzt z. B. es soll eine Bestimmung getroffen
werden für den Fall, dass ein Sohn oder Söhne, eine Tochter
oder Töchter vorhanden sind. Soll man sagen *filio seu filiis
filia seu filiis exstantibus?* Augenscheinlich sind in solchen
und ähnlichen Verlegenheiten zuerst die Formen auf *abus* entstanden, und der Hergang kann dabei doch schwerlich ein
anderer gewesen sein, als der folgende. Man sucht für das im
speciellen Fall unbrauchbare *dis* und *filiis* eine andere Form,
und diese bietet sich dar in Folge der Verbindung, welche im
Geiste zwischen den Reihen *filiae filiarum filiis filias* und *duae
duarum duabus duas* besteht. Der Abl. *duabus* kann im gewöhnlichen Verlauf des Sprechens eine Anziehung auf *mensis*
u. s. w. nicht ausüben, weil deren *is* durch die Verbindung mit
dem *is* der zweiten Declination, welches gleiche Bedeutung
hat, geschützt wird. Erst dann, wenn diese Verbindung aus
einem speciellen Grunde gelöst wird, übt *duabus* seine Anzie-
hungskraft aus Es ist also ganz richtig, wenn die alten Grammatiker sagen, dass die Formen *deabus* u. s. w. differentiae
causa geschaffen sein, aber der Trieb nach Differenzierung hat
nicht neue Originalbildungen, sondern nur Nachbildungen
nach vorhandenen Mustern hervorrufen können. So dürfte
sich denn überhaupt der Differenzierungstrieb als ein Motiv
bewähren, welches bei der Schaffung von Analogiebildungen
wirksam ist (vgl. Misteli a. a. O. 472).

Einen zweiten Eintheilungsgrund finden wir in der Beschaffenheit der betheiligten Wörter, oder, anders
ausgedrückt, in den Bedingungen, welche in den Wörtern gegeben sein müssen, wenn eine Analogiewirkung eintreten soll.
Unter dieser Rubrik dürfte zunächst zu erörtern sein, ob
Wörter, welche durch nichts anderes als den Laut und, ob

Wörter, welche durch nichts anderes als den Sinn mit einander verknüpft sind, in analogiewirkende Association treten
können. Die erste Frage dürfte zu verneinen, die zweite zu
bejahen sein. Zur Erläuterung der ersten führt Misteli
(a. a. O. 434) ein gutes Beispiel an, welches ich hier wieder-
gebe: »auch wenn καθίζω ἐκάθισα im Fut. καθιῶ -θιεῖς -θιεῖ
bildet, als wäre καθ Wurzel und ίζω Endung wie bei βαδίζω
βαδιοῦμαι, so dass von der Wurzel *sed* kaum ein Schatten
(im ι) übrig bleibt, so geht doch κάθιζε καθῖζον -θίζω -θίζων
-θίζοις trotz des gleichen Ausgangs nicht die entfernteste Verbindung etwa mit πρόρριζε πρόρριζον -ρίζω -ρίζων -ρίζοις ein;
die Kluft zwischen Nomen und Verbum vermag alle Laut-
gleichheit nicht zu überbrücken, und nur, weil man das als
selbstverständlich ansieht, spricht man von rein lautlicher
Analogie«. Was den zweiten Punkt betrifft, so ist wenigstens
so viel klar, dass Endungen gleicher Function sich auch ohne
Lautähnlichkeit associieren, wie denn z. B. ἀγώνοις in Anlehnung an den Dat. plur. auf -οις entsteht, während doch zwischen σι (in ἀγῶσι) und οις keine irgend verführerische
Formähnlichkeit vorhanden ist. Ob das Gleiche sich an
Wortstämmen beobachten lässt (z. B. ob die Gestalt des
Adjectivums »gut« auf die Gestalt des Adjectivums »böse«
wirkt oder ähnliches), wäre noch genauer zu untersuchen.
Sodann wäre in diesem Abschnitt zu erörtern, dass bei flectierten Wörtern die Association entweder von dem Wortstamm
oder von den Endungen ausgehen kann, und es wäre in dieser
Beziehung zwischen stofflicher und formaler Analogiebildung zu unterscheiden[1]). Ein Beispiel für die stoffliche
Analogiebildung bietet das griechische ἡδέσι, welches aus der
sicher einmal vorhandenen Form ἡδύσι durch Einwirkung von
ἡδέος ἡδέε ἡδέων entstanden ist. Im Singular vermochten die
Formen ἡδύς ἡδύ ἡδύν der Anziehung Widerstand zu leisten
(obgleich gelegentlich ja auch ἡδέα erscheint), im Plural aber,
wo ἡδύσι nach Angleichung des Accusativs an den Nominativ
der einzige Casus mit υ war, vollzog sich die vollständige
Gleichmachung desjenigen Bestandtheils der zu einer Reihe
gehörigen Formen, welcher als Träger der Bedeutung gefühlt
wurde. Die unendlich häufigen formalen Analogiebildungen
mag man sich an Formen wie ἀγώνοις, Herzens u. s. w. veranschaulichen.

---

[1]) Auf diese Eintheilung hat besonders Osthoff (nach Paul's Vor-
gange) in dem später zu erwähnenden Vortrage hingewiesen.

Ein dritter Eintheilungsgrund ist in dem Erfolge der Formübertragung zu finden, insofern entweder die Originalform durch die Nachbildung ganz verdrängt werden kann, wie das z. B. bei ἐλύσαμεν der Fall ist, welches höchst wahrscheinlich für ein älteres ἔλυσμεν eingetreten ist, oder beide Formen neben einander bestehen können, wie z. B. der Genetiv *senatus* und *senati* heisst. Auch die Frage kommt hier in Betracht, ob durch die gegenseitigen Einwirkungen zweier Formen ein Mittleres zwischen beiden entstehen kann, eine Bildung für die der Name Contaminationsbildung aufgekommen ist. Ein Beispiel dafür wäre das lateinische *jecinoris* neben *jecur*. Wie das Indische zeigt, wo die Stämme *jakan* und *jakṛt* neben einander stehen, lautete im Lateinischen das Paradigma einst *jecor* **jecinis*, und aus beiden Stammformen ist *jecinoris* »contaminirt«.

Diese und ähnliche Versuche aber, welche etwa noch gemacht werden können, die gesammte Masse der Analogiebildungen zu gruppiren, sind für die Praxis der Wissenschaft im Augenblick noch nicht von erheblichem Werth, weil es zunächst die Aufgabe sein muss, auf dem eben erst betretenen Felde den Stoff systematisch zu sammeln. Eine solche Sammlung könnte, glaube ich, mit der meisten Aussicht auf Erfolg angestellt werden, wenn man die Flexionsformen einer bestimmten Sprachperiode vornähme und bei jeder einzelnen untersuchte, bei was für Analogiebildungen dieselbe activ oder passiv betheiligt sei. Man würde dann am leichtesten einen Überblick über die Reihenbildungen erhalten, welche im Bewusstsein der Sprechenden existieren oder existierten. Man würde dann z. B. finden, dass die sämmtlichen Casus eines Wortes eine Reihe bilden (woraus sich u. a. die Ausgleichungen zwischen starken und schwachen Casus erklären) und ebenso die einander entsprechenden Casus in mehreren (wenn auch nicht allen) Unterarten der Declination, wie sich z. B. aus der Übertragung des locativischen *au* der *u*-Stämme auf die *i*-Stämme (*kavaú* nach *bhānaú*) im Sanskrit ersehen lässt. Auch würde sich zeigen, dass der Bedeutung nach zusammengehörige Nomina so fest zu einer Gruppe verschmelzen, dass gelegentlich auch die Casus derselben sich ausgleichen. So hat sich gewiss der auf *ur* (oder *us*) endigende Casus von *páti* Gatte, *jáni* Ehefrau, *sákhi* Freund also *pátjur jánjur sákhjur* nach dem Genetiv der Verwandtschaftsnamen wie *pitúr* gerichtet (vgl. Wackernagel, Kuhn's Zeitschrift 25, 289).

Bei dem Verbum würde sich ein noch grösserer Reichthum an Verschlingungen ergeben. Man sieht nämlich sehr
bald, dass nicht nur die Formen eines Modus eine Reihe bilden, daher z. B. πεποίθαμεν nach πέποιθα statt *πέπιθμεν, und
ebenso die entsprechenden Formen verschiedener Indicative,
daher z. B. ἔλυσε, dessen ε sich nach ἔφερε gerichtet hat (vgl.
Misteli a. a. O. 436), sondern es ergiebt sich auch, dass die
Tempussysteme des einzelnen Verbums derartig aufeinander
wirken, dass lautgesetzlich entstandene Verschiedenheiten,
welche so gross sind, dass sie das System des ganzen Verbums
auseinander zu reissen drohen, ausgeglichen werden (so ist
z. B. das alte a verbo δέλλω ἔβαλον durch βάλλω ἔβαλον verdrängt worden, vgl. Johannes Schmidt K. Z. 25, 153);
und ebenso ergiebt sich, dass die entsprechenden Tempussysteme verschiedener Verba im Geiste der Sprechenden verbunden sind, daher z. B. die Verlängerung des *i* in Aoristen
wie *apīpatat*, welche im Anschluss an *akikradat* entstanden
sein dürfte, so dass nunmehr in allen zusammengehörigen
Formen der gleiche Rhythmus vorliegt[1]).

Wenn man sich durch solche Betrachtung eine Vorstellung von den Reihen- und Netzgebilden verschafft, zu denen
die Wortformen im Geiste der Sprechenden sich zusammen-
finden, so wird man zugleich, als Consequenz, einen wichtigen,
methodischen Grundsatz aussprechen können (der auch schon
wiederholt ausgesprochen worden ist, siehe die Stellen bei
Misteli a. a. O. 408) den Grundsatz nämlich, dass die ausserhalb des Reihengeflechtes stehenden Formen, also diejenigen,
welche nicht den Flexionssystemen angehören, die Vermuthung
für sich haben, die ungehemmten Wirkungen der Lautgesetze
an sich zur Erscheinung zu bringen. Zugleich dürfte aus den
wenigen von mir beigebrachten Beispielen erhellen, dass man
in allen, auch den ältesten Perioden der uns vorliegenden
Sprachen, (und warum nicht auch in der indogermanischen
Grundsprache?) Analogiebildungen erwarten darf. Am zahlreichsten freilich werden sie in den moderneren Perioden erscheinen, weil in diesen ein Zusammenfallen der Formsysteme
schon durch die weiter fortgeschrittene Abstumpfung der Endungen begünstigt wird. Doch muss auch bei dieser Gelegenheit wieder betont werden, dass wir augenblicklich nur auf

---

[1]) Danach ist meine frühere Darstellung Altindisches Verbum 110 zu
modificieren.

allgemeine Eindrücke und ungefähre Abschätzungen angewiesen sind, da erschöpfendes und geordnetes Material noch
nicht vorliegt.

Ich komme zum dritten Begriff, dem Lautgesetze.
Der Ansicht von Curtius haben, wie wir sahen, Leskien
und andere eine Lehrmeinung gegenübergestellt, welche ich
am einfachsten so ausdrücken zu können glaube: die Lautgesetze an sich sind ausnahmslos. Dieser Satz, der im
Folgenden zu prüfen sein wird, bedarf einer Erläuterung. Zunächst ist selbstverständlich, dass man, um den reinen Verlauf der lautgesetzlichen Entwickelung kennen lernen zu
können, alle Wirkungen der Analogie, wie sie im vorigen
Absatz beschrieben worden sind, in Abrechnung bringen
muss, und sodann muss man bedenken, dass die natürliche
Geschichte der Laute am besten an solchen Sprachen studirt
wird, die noch dem Naturzustande möglichst nahe stehen.
Die Schriftsprachen sind aus dem Grunde weniger geeignet
für diesen Zweck, weil sich in ihnen stets eine Menge von
Worten vorfinden, welche von anderswoher entlehnt sind, sei
es aus fremden Sprachen, sei es aus verwandten Dialekten,
sei es endlich aus früheren nur noch in Literaturdenkmälern
vorhandenen Perioden derselben Sprache, Entlehnungen,
welche zum Theil so mit dem einheimischen Sprachmaterial
verwachsen sind, dass sie von den Sprechenden nicht mehr als
fremd gefühlt werden. Wer von uns, er sei denn ein Sprach-
gelehrter, möchte z. B. glauben, dass das Wort »echt« ein aus
dem Niederdeutschen in die neuhochdeutsche Schriftsprache
übernommenes Fremdwort sei, und doch ist an dem Faktum
nicht zu zweifeln. Echt ist, wie Grimm sich ausdrückt, »ein
der alten Sprache in allen hohen Dialekten unbekanntes Wort,
selbst heute weiss das Volk in der Schweiz, in Baiern, Schwa-
ben nichts davon und nur durch die Schriftsprache wird es
ihm zugebracht.«
Bei Schriftsprachen des Alterthums liegt die Sache
natürlich ebenso oder ähnlich wie im Neuhochdeutschen,
nur dass wir seltener als hier in der Lage sind, den
Nachweis der Entlehnungen zu führen, und uns auf Vermuthungen beschränken müssen. Das attische γενναῖος
z. B. widerspricht mit seinem Doppel-ν dem attischen
Lautstande ebenso wie echt mit seinem *cht* dem neuhochdeutschen, sollte man nicht (wenn auch der historische

Beweis nicht erbracht werden kann) doch zu der Vermuthung
berechtigt sein, dass das vielgebrauchte γενναῖος aus einem
äolischen Dialekte entlehnt sei, so gut wie das vielgebrauchte
e c h t aus einem niederdeutschen? Je mehr Wörter nun in
einem Dialekt vorhanden sind, die man im Verdacht haben
könnte, aus einer anderen Sprachmasse entlehnt zu sein, um
so schwieriger wird es, bei diesem Dialekte den ursprünglichen
Lautstand zu ermitteln. Nun ist bekannt, dass gerade bei den
griechischen Kunstsprachen die Entlehnung von Wörtern und
Wendungen eine grosse Rolle spielt, es liegt also gerade bei
ihnen die Gefahr nahe, Fremdes für Eigenes zu halten und
somit Ausnahmen von der Regel da anzunehmen, wo vielmehr
Erscheinungen vorliegen, die zu der Regel in gar keiner Beziehung stehen. Ich möchte diesen letzteren Gedanken, dass
die Erscheinungen an Lehnwörtern zu der heimischen Regel
in gar keiner Beziehung stehen, besonders betonen, weil ich
ihn bei C u r t i u s verkannt sehe, der sich Etym. Forsch. 434
so äussert: »Ein anderer Anlass zu Störungen der lautlichen
Regel liegt in dem Einfluss der Mundarten auf einander. Dergleichen Störungen sind allgemein anerkannt und werden auch
von den eifrigsten Vertheidigern der Regelmässigkeit auf diesem Gebiet nicht ganz geleugnet werden.« Gewiss sind Entlehnungen aus einem Dialekt in den anderen nicht zu leugnen, aber ich kann nicht zugestehen, dass sie eine Trübung
der heimischen Regel bewirken. Wenn ein Ethnograph in
einem von dunkelfarbigen Menschen bewohnten Lande einige
Familien weisser Ansiedler findet, so wird er doch den ab-
weichenden Typus der letzteren nicht als eine Ausnahme von
dem in jenem Lande herrschenden bezeichnen, sondern er
wird urtheilen, dass die Weissen für die Beschreibung der
Ureinwohner des Landes gar nicht in Betracht kommen, und
ebenso wie der Ethnograph zu jenen Ansiedlern, steht —meine
ich — der Sprachforscher zu den Fremdwörtern, mögen diese
nun aus der Nähe oder aus der Ferne importirt sein.

Von besonderer Erheblichkeit sind bei einem lesenden
und schreibenden, durch regelmässigen Unterricht geschulten
Volke die massenhaften Entlehnungen aus der auf einer etwas
älteren Stufe verharrenden Literatursprache in die Sprache
des gewöhnlichen Lebens. Auf einer solchen Entlehnung beruht es z. B., wenn wir in der gebildeten hochdeutschen Sprache
zwischen dem Dativ »Mann« und »Manne« schwanken und
vieles der Art.

Erst wenn man, wie die Wirkungen der Analogie auch
die sämmtlichen in einer Sprache vorhandenen Fremdwörter
(im weitesten Sinne) abzieht, kann sich die einfache und reine
Gestalt des Lautgesetzes ergeben.

Kann man nun behaupten, dass die Lautgesetze in diesem
Sinne ausnahmslos seien?

Wenn man zur Beantwortung dieser Frage zunächst (wie
billig) der Erfahrung das Wort lässt, so ergiebt sich, dass im
Anfang die Grundsätze in Bezug auf die Lautlehre des Indogermanischen ziemlich lax waren und mit der Zeit (namentlich durch die Bemühungen von Pott, Schleicher, Curtius) immer strenger und strenger wurden, und dass sich
noch fortwährend in der Praxis eine Verschärfung dieser
Grundsätze beobachten lässt[1]) und ferner ist unzweifelhaft,

---

[1]) Um zu zeigen, wie bei allen Richtungen der vergleichenden
Sprachforschung die Strenge in der Handhabung der Lautgesetze Fortschritte macht, citiere ich Ausserungen zweier Gelehrten, die in der ent-
schiedenen Bekämpfung der junggrammatischen Schule übereinstimmen,
Ausserungen von Bezzenberger und E. Kuhn. Bezzenberger
äussert sich in einer Recension von Ascoli's Kritischen Studien folgendermassen: »S. 404 Anm. 2 fragt Ascoli im Anschluss an seine Erörterungen, durch die er dem ‚ursprünglichen Instrumentalsuffix -tra˙ eine
Descendenz von etwas überraschender Ausdehnung innerhalb des Lateinischen, bez. der romanischen Sprachen zuzuweisen sucht: ‚Oder will
Fick in der That behaupten, dass -ϑλο (-blo) radical verschieden sei von
-bro? Will er beispielsweise *φύϑλα vom hesychischen φύτρα trennen?
Können wir latibulum und latebra von einander trennen?‘ Ich habe Fick
nicht gefragt, wie er sich zu diesen Fragen stellt, aber ich hoffe lebhaft,
dass er sie sämmtlich bejaht; und wer wollte es ihm verdenken, wenn er
umgekehrt etwa fragte: ‚Können wir latibulum und latebra identificiren?‘
Ascoli befindet sich meines Erachtens in einem Irrthum, wenn er sagt:
‚ — Primärsuffixe, die wie ein italo-griechisches -dhla isoliert stehen
würden.‘ Ich habe es schon anderwärts ausgesprochen und wiederhole es
hier, dass dem griech. -ϑλο-, dem lat. -bulo- auf das genaueste das slav.
-dlo- entspricht. — —, und wenn von Seiten gewisser deutscher Gelehrten
einerseits die Ausnahmslosigkeit der Lautgesetze gepredigt und andererseits das poln. radlo dem griechischen ἄροτρον gleichgestellt wird, so ist
das nichts als eine der vielen Gedankenlosigkeiten dieser sehr methodischen ‚Forscher‘« (Gött. Gel. Anz. 1879, Stück 18). Die Auslassung
E. Kuhns (K. Z. 25, 327) lautet so: »Wie verhalten sich skr. kumbha
und zd. khumba? Die arische Grundform beider war khumbha: daraus
entstand ohne Schwierigkeit zd. khumba (phonetisch γumba), skr. kumbha
hat in bekannter Weise die zweite Aspiration eingebüsst. Nach demselben
Gesetze erklärt sich der Mangel der Aspiration in stambh, stigh u. s. w.
gegenüber sthā u. s. w. Die ganze Frage der tenues aspiratae bedarf einer
gründlichen Revision, heutzutage wird auch mancher, welche der Mode-
thorheit der Unfehlbarkeit der Lautgesetze nicht gerade anhängt,
Schleicher's Annahme wenig wahrscheinlich finden, nach der gerade
die ältesten Beispiele dieser Lautclasse einem durchaus sporadischen Lautwandel ihre Entstehung verdanken sollen.«

dass alle Gelehrten, welche sich ernstlich mit Lautlehre befasst haben, sich bewusst oder unbewusst von dem Gedanken haben leiten lassen, dass die Triebfeder aller Veränderungen nicht Willkür und Zufall, sondern eine immanente Gesetzlichkeit sei, aber auf der anderen Seite ist doch auch zu constatieren, dass selbst auf den Gebieten, wo seit einer langen Reihe von Jahren unablässig gearbeitet worden ist, noch sehr vieles dunkel ist, und wenn auch zu hoffen ist, dass es gelingen werde, noch viele Schwierigkeiten zu beseitigen [1]), so wird sich doch Niemand der Illusion hingeben, dass es je möglich sein werde, bei irgend einer Sprache den »Lautwandel an sich« rein und vollständig herauszuschälen und in allen seinen Theilen und Entwickelungen zu durchschauen. Man kann nicht umhin es zu gestehen: Auf inductivem Wege kann die Ausnahmslosigkeit der Lautgesetze nicht bewiesen werden.

Wir sehen uns also in die Nothwendigkeit versetzt, die Lösung des Problems auf deductivem Wege zu versuchen, indem wir zur Erörterung bringen, aus welchen Gründen und in welcher Weise sich Sprachen verändern, und insbesondere, wie es zu erklären sei, dass aus einer einheitlichen Sprache verschiedene Dialekte hervorgehen können. Mit einer Lösung dieser Aufgabe wird zugleich die Antwort auf die Frage gegeben sein, ob die Lautgesetze an sich Ausnahmen erleiden oder nicht. Ich knüpfe auch diese Erörterung an die Theorie von Georg Curtius an, muss indess vorher noch eine Betrachtungsweise erwähnen, welche früher üblich war, heutzutage aber beinahe völlig zurückgedrängt ist.

---

[1]) Eine anregende und dankenswerthe Sammlung solcher Ungleichmässigkeiten in der Lautvertretung, deren Ursachen man nicht erkennt, hat Curtius Grundzüge [5], 429 ff. veranstaltet. Wer diesen Schwierigkeiten beikommen will, hat es nach dem Obigen auf drei Wegen zu versuchen, indem er untersucht:

1) ob Entlehnung vorliegt. Das wird z. B. der Fall sein bei κίδναται neben σκίδναται und τέγος neben στέγος u. a.

2) ob eine Wirkung der Analogie vorliegt. Dahin gehört z. B. der Dativ des Participiums λέγοντι, welcher durch die Verbindung mit λέγοντος λέγοντα u. s. w. verhindert wurde zu λέγουσι zu werden. Dieselbe Bewandtniss hat es mit κέρατι und παντί. In ἀντί dürfte das τ erhalten sein, weil ἀντ' so häufig daneben vorkommt.

3) ob unter einem Zeichen vielleicht zwei Laute verborgen sind. So verhält es sich wahrscheinlich mit dem Ϝ, σ mit consonantischem Ϝ wird σσ (σ), während σ vor halbvocalischem Ϝ abfällt. Nur vor dem consonantischen erscheint das sogenannte prothetische ε wie in ἐέρση.

Es ist zu hoffen, dass bei einer solchen Behandlung die von Curtius aufgestellte Liste sich erheblich verkürzen wird.

In der vorboppischen Periode pflegte man die Verschiedenheit der Sprachen von der Verschiedenheit der menschlichen Sprachorgane herzuleiten, und diese zum grössten Theil
aus der Verschiedenheit des Klima's zu erklären. Wie oft ist
nicht die angebliche Rauhheit des dorischen mit der wilden
Gebirgsnatur der Landschaft Laconica und die angebliche
Weichheit des Ionischen mit den linden Lüften des klein-
asiatischen Küstenstrichs zuversichtlich in Parallele gestellt
worden! Neuerdings hat sich nun, nachdem W h i t n e y
(Whitney-Jolly 230) sehr entschieden gegen diese alte Annahme gesprochen hatte, O s t h o f f wieder derselben angenommen, indem er sagt: »Wie die Gestaltung aller physischen
Organe des Menschen, so hängt auch die Gestaltung seiner
Sprachorgane vorzugsweise von den klimatischen und Cultur-
verhältnissen ab, unter denen er lebt. Obwohl im Allgemeinen
bekannt ist, dass z. B. das verschiedene Klima der Gebirge
und der Ebenen anders Lungen und Brust und Kehlkopf der
Bergbewohner, anders dieselben Organe bei den Bewohnern
der Niederungen ausbildet, so ist es doch eine bisher in der
Sprachwissenschaft noch viel zu wenig gewürdigte Thatsache,
dass sich bei gleichen oder ähnlichen klimatischen und Cultur-
verhältnissen überall gleiche oder ähnliche phonetische Neigungen der Sprache oder der Mundart zu zeigen pflegen. Ich
kann mich auf eine ausführliche Begründung dieses Satzes
durch Beispiele hier leider nicht einlassen. Ich will desshalb
nur daran erinnern, wie z. B. am Kaukasus sogar nicht urver-
wandte benachbarte Völkerschaften, die indogermanischen
Armenier und Iranier und die nichtindogermanischen Georgier
und andere, in der Hauptsache fast das nämliche Vocal- und
Consonantensystem haben. Innerhalb einer und derselben
Sprache herrscht oder herrschte vordem, wie besonders die
Forschungen der letzten Jahre auf verschiedenen Gebieten
überzeugend ergeben haben, fast durchweg continuierlicher
Übergang zwischen den einzelnen, die Gesammtsprache bil-
denden Dialekten; z. B. im Germanischen von dem Alemanni-
schen der Alpen bis zu dem Niedersächsischen der Nord- und
Ostseeküsten. Es ist mir kaum denkbar, dass mit solcher Continuität die Continuität der klimatischen Übergänge auf demselben Raumgebiete causaliter nichts zu schaffen habe.« [Das
physiologische und psychologische Moment in der sprachlichen Formenbildung (Sammlung gemeinverständlicher wis-

senschaftlicher Vorträge her. von R u d. V i r c h o w und Fr. von
H o l t z e n d o r f f, Heft 327) S. 19].

Über die Frage ob Klima und Lebensgewohnheiten a u c h
einen Einfluss auf die Lautveränderung haben (denn mehr behauptet O s t h o ff nicht), mit einiger Sicherheit zu urtheilen
ist vielleicht nicht möglich. Zwar wird man im Allgemeinen
gewiss zugestehen, dass ein Einfluss des Klimas wie auf den
ganzen Körper so auf die Sprachorgane gar nicht ausbleiben
kann, aber auf der anderen Seite muss man auch zugestehen,
dass die Physiologen eine solche Verschiedenheit der Organe,
aus der sich die Verschiedenheit in der Aussprache der einzelnen Laute erklärte, nicht beobachtet haben. Die Ähnlichkeiten zwischen nahe liegenden Sprachen, welche O s t h o ff
anführt, könnten vielleicht auch durch geschichtliche Einwirkung erklärt werden (wie z. B. die Aussprache der in Kurland
lebenden Deutschen etwas von der Aussprache der Letten angenommen hat), und vor allen Dingen fallen die zahlreichen
Ortsveränderungen, welche die Völker jeder Zeit vorgenommen
haben, als Gegeninstanz ins Gewicht. Sollte sich jemals eine
Einwirkung des Klimas auf den Lautwandel nachweisen lassen, so würde damit ein natürlicher Einfluss auf die Lautgestaltung constatiert sein, der von dem socialen oder geschichtlichen zu sondern wäre. Ich bin nicht in der Lage, über die
von O s t h o ff wiederum angeregte Frage etwas Befriedigendes
zu sagen, und gehe desshalb sofort zu der Theorie von G e o r g
C u r t i u s über.

C u r t i u s sieht, wie oben (S. 102) bemerkt worden ist,
den Hauptgrund der lautlichen Veränderungen in dem Streben
nach Erleichterung, der menschlichen Bequemlichkeit, und
W h i t n e y stimmt ihm im Wesentlichen bei: »Alle articu-
lierten Laute — so sagt der letzgenannte Gelehrte, Vorlesungen
S. 105 — werden mit einer gewissen körperlichen Anstrengung
hervorgebracht, indem dabei die Muskelthätigkeit unserer
Lunge, unserer Kehle und unseres Mundes in Anspruch genommen wird. Diese, gerade wie jede andere Anstrengung
sucht sich der Mensch kraft seines natürlichen Instinkts vom
Halse zu schaffen oder doch zu erleichtern, eines Instinkts den
man nach Belieben als einen Ausfluss der angeborenen Träg-
heit oder der Sparsamkeit, d. h. des Selbsterhaltungstriebes
des Menschen betrachten mag«. Es ist die Folge dieser Bequemlichkeit oder Nachlässigkeit, dass keine Generation die
Wörter gerade so nachspricht, wie sie ihr von der vorher-

gehenden vorgesprochen werden, nur die Bestimmung der
Sprache als Verkehrsmittel, die Rücksicht auf die Verständ-
lichkeit (so sagt Whitney) setzt dieser Nachlässigkeit einen
Damm entgegen.

Gegen diese Anschauung lässt sich aber namentlich[1])
Folgendes geltend machen. Es scheint mir doch sehr zweifelhaft, ob man Recht habe, wenn man annimmt, dass der Drang
es sich bequem zu machen, eine so ausschliesslich herrschende
Rolle in der menschlichen Gesellschaft spielt. Sollte man
nicht auf der andern Seite behaupten dürfen, dass die meisten
Menschen sich bemühen werden, das Vorgesprochene so genau
als möglich nachzubilden, weil sie sich davor fürchten, sich
durch Abweichung von den übrigen lächerlich zu machen? und
ferner, dass im Sprechen nicht bloss erstrebt wird, was bequem ist, sondern nicht weniger auch das was gefällt? (vgl.
Benfey Göttinger Nachrichten 1877 Nr. 21, S. 550)' und dass
durch diese und andere etwa noch denkbare Motive dem Be-
quemlichkeitstriebe auf eine sehr wirksame und eingreifende
Weise entgegengearbeitet wird? Vielleicht noch schwerer wie-
gend ist ein aus der Praxis hergenommener Einwand, den
einer der hervorragendsten Meister der Empirie, Ascoli, erhoben hat. Ascoli behauptet nämlich, dass in den Sprachen,
die wir beobachten können, unzählige Fälle von Lautübergängen vorliegen, welche nicht aus dem Princip der Schwächung oder Erleichterung wie es Curtius formuliert hat erklärt werden können, und Curtius selbst ist keineswegs
geneigt, diesem Einwand alle Berechtigung abzusprechen (vgl.
Grundzüge 410), ja in einem wichtigen Punkte nimmt er jetzt
mit Ascoli einen Lautwandel an. der dem von ihm sonst
festgehaltenen allgemeinen Princip zuwider ist (d. i. die Ver-
wandlung von σσ in ττ im Griechischen).

Unter diesen Umständen wäre es erwünscht, wenn sich
eine allgemeinere Fassung finden liesse, in welcher neben dem
Streben nach Bequemlichkeit auch die anderen denkbaren
Antriebe zur Veränderung ihre Stelle finden. Diese Fassung
wird sich leicht ergeben, wenn wir vorher noch die Frage auf-
werfen, ob die Umwandlungen, von denen hier gesprochen
wird, bei allen Mitgliedern einer Sprachgemeinschaft auf einen
Schlag hervortreten, oder ob sie von einem oder einigen Individuen ausgehen und sich von da aus ausbreiten. Man braucht

---

[1]) Man sehe auch Leskien in der Jenaer Literaturzeitg. 1875, No. 6.

die Frage nur zu stellen, um sie zu beantworten. Wenn wir hier wie in der ganzen folgenden Darstellung absehen von den etwaigen Einwirkungen des Klimas, über die ich nichts Bestimmtes aussagen kann, so ist es klar, dass die Veränderungen in der Aussprache bei dem Einzelnen beginnen und sich von da zu den Mehreren und den Vielen durch Nachahmung von Seiten dieser fortpflanzen. Der letzte Grund aller Sprachveränderung kann also nur darauf beruhen, dass der Einzelne die ihm überkommene Sprache nicht genau so weiter giebt wie er sie erhält, sondern das Überlieferte, sei es aus Bequemlichkeit, sei es aus einem ästhetischen Triebe, sei es weil sein Ohr trotz aller Anstrengung nicht genau genug auffasst und sein Mund nicht genau genug wiedergiebt, sei es aus welchem Grunde immer, individualisiert.

Gegen diese Neuerungen arbeitet nun fortwährend der ausgleichende Gegendruck der allgemeinen Sprachgewohnheit, und so setzt sich aus diesen beiden Kräften der Individualisierung und Ausgleichung die Veränderung in der Lautgestalt der Sprache zusammen (vgl. namentlich Benfey a. a. O.). Zur näheren Erläuterung dieser allgemeinen Formel erwäge man noch Folgendes:

Man muss sich hüten, sich den Spielraum des Einzelnen (auch abgesehen von dem Gegendruck der Gesellschaft) zu gross vorzustellen. Zunächst muss man bedenken, dass bei dem Wandel der Laute schwerlich je praktische Interessen mitwirken, der Art wie es bei dem Wandel der Worte der Fall sein kann. Es kann wohl vorkommen, dass der Häuptling eines kriegführenden Stammes plötzlich gebietet, die Bezeichnungen gewisser Begriffe zu ändern, damit der lauschende Feind die Gespräche der Krieger nicht verstehen könne, oder es kann ein hervorragender Staatsmann oder Dichter ein vergessenes Wort aus irgend einem Grunde wieder hervorholen und plötzlich zu Ehren bringen — auf dem Gebiete der Laute aber scheint für ein so starkes und willkürliches Eingreifen des Einzelnen kein Anlass. Sodann darf man nicht vergessen, dass die Laute der Sprache (oder doch ein Theil derselben) im Geiste der Sprechenden in Reihen geordnet sind, und dass die Veränderung eines Lautes die entsprechende Veränderung der übrigen Glieder seiner Reihe mit Naturnothwendigkeit nach sich ziehen muss. Ist einmal die Aussprache des *k* in gewisser Art verändert, so vollzieht sich die entsprechende Veränderung der übrigen Gutturalen von selbst, und ist somit ein erheblicher Theil der Laute der Möglichkeit individualisierender Veränderung entzogen. Vielleicht würde es nützlich sein, wenn dieser Gedanke bei unseren Betrachtungen über Lautveränderungen mehr zur Geltung käme als bisher geschehen ist.

Endlich darf man das wohl als unzweifelhaft ansehen, dass alle (oder doch fast alle) diese Akte u n b e w u s s t vollzogen werden. Wie sehr diese Behauptung für unsere heutige Sprache zutrifft, davon kann man sich leicht auf dem Wege des Versuches überzeugen. Die meisten Menschen wissen nicht wie sie sprechen, und häufig kann man ihnen nur mit der grössten Mühe klar machen, dass sie gewisse Feinheiten der Aussprache, die ein geübter Beobachter an ihnen wahrnimmt, wirklich besitzen.

Von der vorgetragenen Auffassung aus lässt sich nun sowohl die Entstehung verschiedener Sprachen aus einer, als auch die relative Gleichmässigkeit innerhalb der einen Sprache verstehen.

Der erste Punkt, die Entstehung verschiedener Sprachen aus einer, bedarf keiner langen Ausführung. Denken wir uns eine kleine zusammengehörige Menge von Menschen, etwa von einigen hundert Köpfen, die auf einem engen Gebiet zusammen lebt, so werden die Impulse zu Neuerungen, die von den einzelnen Individuen ausgehen, sich leicht und schnell mit der Gewohnheit und Neigung der übrigen in's Gleichgewicht setzen, die Ausgleichung wird ohne Schwierigkeit erfolgen. Stellt man sich nun eine grössere Masse von Menschen auf weiterem Gebiete vor, die aber doch noch eine zusammenhängende Verkehrsgemeinschaft bilden, so wird der Vorgang sich etwas anders gestalten. Die Ausgleichung wird zwar stattfinden, aber sie wird für jeden einzelnen Fall längere Zeit in Anspruch nehmen, als bei der kleineren Gemeinschaft, und es werden also stets zwischen den einzelnen natürlichen Gruppen der Redenden merkbarere Verschiedenheiten vorhanden sein, insofern die einen noch das Alte, die Andern schon das Neue sprechen. In's Stocken aber geräth die Ausgleichung erst, wenn sich eine Verkehrsstockung anbahnt, und mit der Verkehrsgrenze bildet sich dann auch die Sprachgrenze. Natürlich können bei der Bildung einer Verkehrsgrenze sehr verschiedene historische Complicationen stattfinden. Ein ganz einfacher Fall ist folgender. Ein Stamm

siedelt sich an dem einen Ufer eines grossen Stromes an, später
wandert ein Theil auf das jenseitige Ufer. Er wird natürlich
eine Reihe von Jahren den Verkehr noch fortsetzen, aber allmählich lockern sich die Beziehungen zu den alten Stammes-
genossen, es finden nur noch vereinzelte Begegnungen statt,
die sprachlichen Impulse dringen nicht mehr über die Grenze.
So ist auf beiden Seiten der Anfang zu einer neuen Sprache
gegeben, der nun langsamer oder schneller sich auswachsen
kann. Verwickelter wird der Fall, wenn wir annehmen, dass
ein Theil der Auswanderer nach einer Reihe von Jahren wieder zurückkehrt, dann wird die Sprache derselben, falls sie
noch nicht stark selbständig entwickelt war, vielleicht vollständig von der alten Sprache absorbiert werden, oder sie wird
sich mit einer oder der anderen Eigenthümlichkeit geltend
machen, oder wenn die Verschiedenheit schon zu gross war,
wird eine Sprachinsel entstehen, die sich Jahrhunderte halten
kann, bis endlich doch der Verkehr die Nivellierung herbei-
führt.[1]) Indessen ist es weder möglich noch nöthig, die end-
lose Verschiedenheit historischer Gestaltungen im Einzelnen
vorzuführen. Wird man doch selbstverständlich überall den
Satz bestätigt finden, dass, wo keine Verkehrseinheit vorhanden
ist, auch keine Spracheinheit bestehen kann.

Schwieriger ist die Frage zu beantworten, wie gross innerhalb einer einheitlichen Sprache die Gleichmässigkeit sein
wird. Zuvörderst ist wohl so viel klar, dass niemals die verschiedenen Individuen einer Sprachgemeinschaft völlig gleich
reden können, wir werden also von vornherein zugestehen
müssen, dass eine einheitliche Sprache strenggenommen nur
im Individuum. oder doch nur bei einer ganz beschränkten
Zahl von Individuen vorhanden sein kann, und werden also
die uns beschäftigende Frage näher dahin bestimmen müssen:
Lässt sich erwarten, dass bei dem einzelnen Individuum der
Lautwandel an sich völlig gleichmässig und gesetzmässig vor
sich gehen werde?

Gerade bei der Beantwortung dieser Frage tritt — wie
sich erwarten lässt — die Verschiedenheit der Standpunkte
deutlich hervor. Aber in einer Beziehung scheint mir doch
völlige Einstimmigkeit zu herrschen. Es wird so viel ich sehe
allseitig zugestanden (oder sollte doch zugestanden werden),

---

[1]) An dieser Stelle wären auch die Mischsprachen zu erwähnen
gewesen, wenn bis jetzt eine gründliche Behandlung dieses Problems
vorläge.

dass bei dem Übergang von einer Aussprache eines Lautes zur
andern ein Zustand des Schwankens entstehen kann, in
welchem dasselbe Individuum denselben Laut bald so bald anders ausspricht. Sievers z. B. (Lautphysiologie S. 127) äussert
sich über diesen Punkt folgendermassen: »Die spontane Bildung neuer Lautformen geht selbstverständlich vom einzelnen.
Individuum oder einer Reihe von Individuen aus, und erst
durch Nachahmung werden diese Neuerungen allmählich auf
die gesammte Sprachgenossenschaft übertragen, der diese
Individuen angehören. Die vollständige Auseinandersetzung
zwischen den alten und den neuen Formen, die in Collision
treten, kann unter Umständen lange Zeit in Anspruch nehmen. Eine Zeitlang werden beide Formen wohl promiscue gebraucht, auch werden sie wohl je nach der Stellung des Lautes
in verschiedener Weise verwendet, bis schliesslich die neue
Lautform die ältere ganz verdrängt.« Zugleich führt Sievers
einige Beispiele solchen Schwankens aus der Praxis der Beobachtung an, indem er sagt: »Beispiele für das Schwanken
zwischen zwei Formen bieten z. B. viele norddeutsche Mundarten, welche tönende und tonlose Media ohne Unterschied
verwenden, ebenso z. B. auch das Armenische in verschiedenen Dialekten. Die mittel- und süddeutschen Mundarten
sind dagegen schon längst in die Periode der Alleinherrschaft
der tonlosen Media eingetreten.«

Brugman in Kuhn's Zeitschrift 24, 6 argumentiert ganz
ähnlich, nur dass er solchen Übergangszeiten nicht wie
Sievers unter Umständen lange, sondern nur kurze Dauer
zugestehen möchte.

Es versteht sich, dass ein Streit über so elastische Bestimmungen, wie lang und kurz, überflüssig sein würde. Es
kommt vielmehr darauf an, weitere Beobachtungen aus lebenden
Sprachen zu sammeln, von denen aus man dann auf die alten
Sprachen schliessen könne. Aus dem Griechischen dürfte
wohl der schwankende Rhotacismus der alten elischen In-
schriften hierher gehören, die bekanntlich τοῖς und τοῖρ und
Ähnliches neben einander bieten. Wie gross der Unterschied
zwischen σ und ρ in der Aussprache wirklich gewesen sei, lässt
sich leider nicht feststellen, vielleicht wurde statt σ am Ende
ein Laut wie der indische Visarga gesprochen, und vielleicht
war das auslautende ρ nicht dental, sondern guttural, dann
wäre der wirkliche Abstand zwischen den beiden Lauten ein
sehr geringfügiger gewesen. Dass der Abstand zweier Laut-

gestalten, zwischen denen das sprechende Individuum schwankt, in einer indogermanischen Sprache sehr erheblich sein könne, lässt sich von vornherein nicht annehmen, während auf anderen Sprachgebieten, z. B. in den Sprachen der amerikanischen Ureinwohner der Abstand recht gross sein kann.[1]

Indessen wie man auch über diese Einzelheiten urtheilen mag, in der theoretischen Anerkennung der Möglichkeit von Übergangsepochen herrscht Übereinstimmung. Dagegen besteht darüber Zwiespalt, ob man annehmen soll, dass auf dem Gebiete des Lautwandels an sich d a u e r n d e Ungleichmässigkeiten in der Behandlung eines und desselben Lautes sich festsetzen können. Die Fragen, um die es sich dabei handelt, sind namentlich folgende zwei:

E r s t e n s : Ist anzunehmen, dass eine Lautveränderung bei einer Reihe von Wörtern zur Erscheinung kommen wird, bei anderen aber nicht?

Z w e i t e n s : Ist anzunehmen, dass eine und dieselbe Wortform sich auf lautlichem Wege zu dauernd verschiedenen Gestalten entwickeln kann?

Die erste Frage wurde früher in der Praxis unbedenklich bejaht; so fand z. B. B o p p kein Arg darin, anzunehmen, dass zwar das *s* des Aorists im Griechischen regelmässig durch σ vertreten werde, aber ausnahmsweise in ἦκα ἔθηκα ἔδωκα durch χ, und bemühte sich nicht, etwa einen besonderen Grund für diese merkwürdige Ausnahme ausfindig zu machen. Bei zunehmender Schärfe in der Behandlung der Lautveränderung ist man natürlich gegen solche Annahmen immer misstrauischer geworden, und von einer Anzahl von Sprachforschern werden sie grundsätzlich und entschieden verworfen. Eine theoretische Behandlung ist der Angelegenheit neuerdings von B r u g m a n, Kuhn's Ztschr. 24, 4 und B e z z e n b e r g e r, Gött. gel. Anz. vom 21. Mai 1879 zu Theil geworden.

Man könnte die Möglichkeit einer ungleichen Behandlung der Laute in verschiedenen Worten von zwei Seiten aus construiren. Man könnte nämlich erstens annehmen, dass jede Lautveränderung bei einem bestimmten Worte beginne und sich von diesem aus weiter fortsetze, also z. B. von einem Substantivum auf andere, von da auf Adjective und Participia, und so zum Verbum gelange. Unter dieser Voraussetzung

---

[1] Man kann aber über das Elische nicht mit Sicherheit entscheiden, weil vielleicht Ungenauigkeiten und Willkürlichkeiten bei der Übertragung des Lautes in die Schrift stattgefunden haben.

wäre es ja wohl denkbar, dass gewisse Wörter von einem Lautwandel nicht ergriffen würden, dass man also z. B. in Praepositionen, Adverbien und anderen verhältnismässig isolierten
Wörtern den alten Lautstand beibehielte, und bei den übrigen
Wörtern einen neuen durchführte. Aber augenscheinlich
würde eine solche Annahme den Thatsachen nicht entsprechen,
vielmehr scheint mir Brugman im Recht zu sein, wenn er
den Vorgang so beschreibt: »Wenn eine Reihe von Individuen
in einem bestimmten Zeitpunkt ein *r*, welches sie bis dahin
regelmässig dental ausgesprochen haben, in ein gutturales *r*
verwandeln, oder wenn sie ein *a*, welches sie vor *l* bis dahin
regelmässig mit hellerem Timbre hervorgebracht haben, nunmehr mit tieferer Klangfarbe sprechen, so nimmt diese Bewegung nicht bei einzelnen bestimmten Wörtern ihren Anfang,
so dass, was zuerst nur für diese einzelnen bestimmten Wörter
gilt, erst allmählich auch auf andere Wörter übertragen wird,
sondern die Bewegung beginnt bei den Sprachorganen
selbst, und man hat zu erwarten, dass jedes bis dahin dental gesprochene *r*, ganz einerlei in welchem Worte und in welcher Wortkategorie es steht, und ebenso jedes bis dahin vor
l in hellerem Timbre gesprochene *a*, wenn es die Sprachwerk-
zeuge passiert, die Abänderung erfährt.« Nur ist der Ausdruck,
die Bewegung beginne bei den Sprachorganen selbst, nicht
glücklich, insofern er so verstanden werden kann, als beginne
jeder Lautwandel mit einer physischen Veränderung des Kehl-
kopfs u. s. w. Ich würde daher lieber sagen: die Bewegung
beginne bei der Aussprache der Laute.

Dass es sich wirklich so verhält, dürfte nicht bloss die
Erfahrung an Volksmundarten beweisen, sondern auch die
Überlegung, dass nur unter der Voraussetzung einer gleich-
mässigen und consequenten Aussprache der Laute die An-
eignung einer fremden Sprache erklärlich ist.

Eine andere Art, sich die Sache zurechtzulegen, ist von
Bezzenberger a. a. O. 652 angedeutet worden. Er geht von der
unanfechtbaren Voraussetzung aus, dass an zwei Punkten desselben Sprachgebietes verschiedene Lautneigungen entstehen
können, so kann z. B. in dem einen Theile ein gewisser *k*-
Laut zu *s* werden, in dem anderen zu *sz* (d. i. sch). Nun gleichen sich, so meint er, die verschiedenen Neigungen aus, und
das Resultat ist, dass in gewissen Wörtern *sz*, in anderen *s*
erscheint. So sei im Litauischen *sz* der regelrechte Reflex des
einen der indogermanischen *k*-Laute geworden, aber in *visas*

und *sauja* habe sich dafür *s* festgesetzt. Ich kann aber dieser
Auffassung nicht beitreten. Sie würde zwar nicht die einzig
mögliche sein, aber doch stärker als jetzt empfohlen sein,
wenn die Thatsache vorläge, dass die zwei verschiedenen
Laute sich so zu sagen in die Wortmasse theilten. Diese Thatsache aber liegt nicht vor, sondern (um in Bezzenberger's
Sprache zu reden) die eine Neigung hat die andre fast durchaus
überwogen, und von der anderen sind nur kümmerliche Reste
erhalten. Wie sonderbar, dass die Sprechenden, welche in
hundert Fällen *sz* annehmen, in einem oder zweien sich zu
dem *s* bequemten, und warum geschah das gerade in diesen
Fällen! Ist es nicht viel natürlicher anzunehmen, dass die
vereinzelte Ausnahme von der empirischen Regel gar nicht
dem Lautwandel an sich, sondern einem anderen Grunde ihre
Entstehung verdankt, wenn es auch, wie im vorliegenden
Falle, uns nicht gelingen will, diesen speciellen Grund
zu ermitteln. Bezzenberger hat a. a. O. derselben Voraussetzung auch noch eine etwas andere Wendung gegeben, indem er annimmt, zwei von verschiedenen Aus-
gangspunkten ausgehende und dann zusammenstossende
Lautneigungen könnten sich so ausgleichen, dass die eine
Lautform bei einer Kategorie von Formen, die andere bei der
anderen auftrete. Er denkt sich also z. B. — so verstehe ich
seine Andeutungen — wenn im Mittelfränkischen durchweg
die Tenuis *t* zu *z* verschoben erscheint, mit Ausnahme des
neutralen *t* in *dat wat it allet dit*, den Hergang so, dass von
einer Seite die Neigung kam, das *t* zu erhalten, von der anderen die Neigung es zu verschieben, und dass der überlieferte Zustand des Mittelfränkischen einen Compromiss zwischen beiden Neigungen darstellt. Aber Paul hat in den
Beiträgen von Paul und Braune 6, 554 gezeigt, dass dieser
Fall anders zu erklären ist. Die erhaltenen *t* des Mittelfränkischen stehen im Auslaut der Silbe, und es ist wahrscheinlich,
dass überhaupt die auslautenden *t* lautgesetzlich nicht verschoben worden sind, so dass eine Flexion wie *fat fazzes anzusetzen wäre. Nun ist *fat* von *fazzes* attrahiert und zu *faz*
geworden, das *t* ist aber da geblieben, wo derartig attrahie-
rende casus obliqui nicht vorhanden waren, nämlich bei *dat
wat it dit allet*.

Aber selbst wenn man im einzelnen Fall hinsichtlich der
Erklärung zweifelhaft sein könnte, so möchte ich doch glauben, dass die Bezzenberger'sche Anschauungsweise schon

aus dém allgemeinen Grunde nicht annehmbar ist, weil sie
bei den Sprechenden eine zu starke Betheiligung der Überlegung voraussetzt, und bin also der Meinung, dass für die
wenigen analogen Fälle, die Bezzenberger noch anführt,
ebenfalls eine andere Erklärung gesucht werden muss.

Mir scheint demnách, dass die erste der aufgeworfenen
Fragen zu verneinen ist.

Ebenso wie mit dieser ersten geht es mir mit der zweiten
Frage, welche so lautete: »Ist anzunehmen, dass ein und dieselbe Wortform sich auf lautlichem Wege zu dauernd verschiedenen Gestalten entwickeln kann?« Ich sehe mich ge-
nöthigt mit Leskien, Osthoff, Brugman u. a. auch diese
Frage zu verneinen, obwohl so hervorragende und sonst in
ihren Überzeugungen so oft auseinandergehende Gelehrte wie
Benfey und Curtius sie bejahen.

Ein klassisches Beispiel für diese Annahme sind die Zwillinge μείζονος — μείζους, welche aus der gemeinsamen Urform
μείζονσος entstanden sein sollen. Aus μείζονσος soll (nach
Curtius) auf der einen Seite etwa μείζοσος (ọ gleich Nasal-
vocal) dann μείζοσος ferner μείζοος und endlich μείζους, auf der
anderen Seite μείζοννος, dann μείζονος geworden sein. Man
könnte, um sich den Gang der Entwickelung anschaulich zu
machen, annehmen, dass die Doppelheit von einem Punkte
des Sprachgebiets ihren Ursprung genommen habe. Dann
hätte man sich vorzustellen, dass der Einzelne bald die eine
bald die andere Veränderung der Gruppe *ns* versucht und
beide im Gedächtniss behalten hätte. Nun ist aber, wie mir
scheint, nicht abzusehen, was ein sprechendes Individuum
veranlassen könnte, in dieser Weise zu schwanken, und das
Schwanken so beharrlich festzuhalten, und namentlich nicht,
was die Übrigen veranlassen konnte, ihm zu folgen, während
doch bei der Bedeutungsgleichheit der beiden Formen nicht
das geringste praktische Interesse an ihrer Unterscheidung
haftete. Ich kann mir demnach nicht denken, dass Vorgänge
wie der angedeutete sich in der Sprache wirklich abspielen.
Ebenso wenig scheint mir die andere mögliche Annahme gestattet, nämlich die, dass der Anlass zu der Formscheidung
von zwei verschiedenen Stellen des Sprachgebietes ausgegangen
sei. Man könnte ja annehmen wollen, dass etwa im Westen
μείζονος, im Osten μείζους entstanden, und nun Austausch
zwischen den beiden Sprachhälften eingetreten sei. Dass an
verschiedenen Punkten eines Sprachgebietes sich eine Laut-

gruppe auf verschiedene Weise weiter bildet, liegt natürlich durchaus nicht ausser dem Bereiche der Möglichkeit, aber dass sich die Keime der Verschiedenheit derartig entwickeln, wie bei μείζους neben μείζονος angenommen werden müsste, wäre nur dann möglich, wenn die Ausgleichung ins Stocken gerathen und also das Verkehrsgebiet nicht mehr einheitlich ist. Unter dieser Annahme wäre es sehr begreiflich, wenn sich zwei Dialekte bildeten, deren einer die Form μείζους, der andere die Form μείζονος hat, aber wie diese beiden Dialekte sich gegenseitig ihre Form abborgen sollten, ist nicht abzusehen.

Ich kann also, von welcher Seite ich die Sache auch ansehe, nicht begreifen, wie aus μείζονσος in demselben Dialekt μείζους und μείζονος hätte werden können, und bin also der Meinung, dass nur die Form μείζους auf dem Wege des Lautwandels an sich aus der Urform μείζοσος (Sanskrit *mahīyasas*) entstanden, dagegen μείζονος eine Analogiebildung nach dem Nominativ μείζων sei. Wie freilich bei diesem das *n* zu erklären sei, darüber kann man noch streiten. Man vergleiche hierüber die ausführliche Erörterung von Brugman in Kuhn's Zeitschrift 24, 1 ff.

Nunmehr sind wir gerüstet, die im Eingang aufgeworfene Frage »sind die Lautgesetze an sich ausnahmslos?« zusammenfassend zu beantworten.

Wir haben gesehen, wo man derartige Gesetze zu finden erwarten kann. Jedenfalls nicht in der gesammten Masse irgend einer vorliegenden Volks- oder Culturreprache. Denn es lässt sich nicht erwarten, dass alle Individuen innerhalb einer Sprachgemeinschaft völlig gleich sprechen werden. Wir können sie also nur erwarten bei dem einzelnen Individuum, oder vielmehr, wenn wir ganz genau sein wollen, nur im Momentandurchschnitt der Sprache eines Individuums. Von demjenigen nun, was ein Individuum in einem bestimmten Moment seines Lebens spricht oder sprechen würde, wenn es den gesammten Wortschatz durch sein Organ passieren liesse, ist zunächst alles das abzuscheiden, was man als Entlehnung (im weitesten Sinne) ansehen muss, sodann sind alle auf Wirkung der Analogie beruhende Lautgestaltungen wieder aufzuheben. Ist das geschehen, so bleibt die durch den Lautwandel an sich bewirkte Lautgestalt übrig. In dieser erst dürfen wir — abgesehen von den etwaigen Schwankungen innerhalb eines Übergangsstadiums — erwarten völlige Gleichmässigkeit in der Behandlung aller analogen Fälle zu finden,

und in diesem Sinne muss man behaupten, dass die Lautgesetze an sich ausnahmslos seien.

Somit ist zwar zuzugestehen, dass völlige Gesetzmässigkeit des Lautwandels sich nirgend in der Welt der gegebenen
Thatsachen findet, es liegen aber genügende Gründe vor,
welche zu der Annahme führen, dass gesetzmässig verlaufen-
der Lautwandel einer von den Faktoren ist, aus deren gemein-
schaftlichem Wirken die empirische Gestalt der Sprache hervorgeht. Im einzelnen Falle freilich wird es immer nur an-
nähernd möglich sein, diesen einen Faktor in seiner Reinheit
darzustellen.

Zugleich folgt aus der obigen Darstellung, ob und inwieweit man innerhalb der Lautlehre von Gesetzen oder gar
Naturgesetzen reden kann.

Die Lautgesetze, welche wir aufstellen, sind, wie sich gezeigt hat, nichts anderes als Gleichmässigkeiten, welche in
einer gewissen Sprache und Zeit auftreten, und nur für diese
Gültigkeit haben. Ob für dieselben der Ausdruck Gesetz
überhaupt anwendbar sei, ist zweifelhaft. Indessen vermeide
ich es, in eine Erörterung über den Begriff Gesetz, wie er in
der Naturwissenschaft und Statistik angewendet wird, einzugehen, weil ich finde, dass der Sprachgebrauch »Lautg e s e t z«
so fixiert ist, dass er nicht wieder vertilgt werden kann, und
ausserdem, weil ich keinen besseren Ausdruck dafür vorzu-
schlagen weiss. Er ist auch unschädlich, wenn man festhält,
dass er keinen anderen Sinn als den angegebenen haben
kann.

Nicht billigen kann ich die Bezeichnung der Lautgesetze
als Naturgesetze. Mit chemischen oder physikalischen Gesetzen haben offenbar diese geschichtlichen Gleichmässigkeiten keine Ähnlichkeit. Die Sprache setzt sich aus menschlichen Handlungen zusammen und folglich gehören die Lautgesetze nicht in die Lehre von der Gesetzmässigkeit der Natur-
vorgänge, sondern in die Lehre von der Gesetzmässigkeit der
scheinbar willkürlichen menschlichen Handlungen.

Siebentes Kapitel.

Die Völkertrennungen.

Wie oben S. 1 erwähnt, hatte W i l l i a m J o n e s schon 1786 sich dahin geäussert, dass jeder Philologe, der das Sanskrit, Griechische und Lateinische mit einander vergleiche, zu der Meinung kommen müsse, dass diese drei Sprachen aus einer gemeinschaftlichen Quelle abgeleitet werden müssen, welche vielleicht nicht mehr existiert. Nicht ganz so zwingend seien die Gründe, für das Gothische und Keltische dasselbe Verhältniss anzunehmen. Bei F r i e d r i c h S c h l e g e l fanden wir einen Rückschritt gegenüber J o n e s, insofern er behauptet, bei der Vergleichung ergebe sich, dass die indische Sprache die ältere sei, die anderen aber jünger und aus jener abgeleitet. Auch B o p p drückt sich im Beginn seiner schriftstellerischen Thätigkeit nicht immer richtig aus, so redet er im Conjugationssystem S. 9 von den Sprachen, die »von dem Sanskrit, oder mit ihm von einer gemeinschaftlichen Mutter abstammen«, später aber in correcter Weise immer nur von einem schwesterlichen Verhältniss. Auch hütet er sich, die Ursprünglichkeit und Alterthümlichkeit des Sanskrit zu überschätzen. So findet sich zu § 605 der ersten Auflage der Vgl. Gr. eine später weggelassene Anmerkung, welche so lautet: »Ich habe schon in meinem Conjugationssystem und in den Annals of Oriental Literature (London 1820) darauf aufmerksam gemacht, dass das Skr. *tutupa* in der 2. P. pl. eine verstümmelte Form sei, und in den früheren Abtheilungen dieses Buches ist sehr oft darauf hingewiesen worden, dass das Sanskrit in einzelnen Fällen im Nachtheil gegen seine Europäischen Schwester-Idiome steht. Darum hat es mich befremdet, dass Hr. Prof. H ö f e r in seiner Schrift ,Beiträge' etc. S. 40 so ganz im Allgemeinen behauptet, dass es den neueren Forschern nicht habe gelingen wollen, ,von dem unglückseligen Wahne der eingebildeten Unverletzlichkeit und uranfänglichen Treue und Vollendung des Sanskrit sich gänzlich frei zu machen.' Ich meinestheils habe solche uranfängliche Treue dem Sanskrit niemals zugetraut, und es hat mir immer

Vergnügen gemacht, auf die Fälle aufmerksam zu machen,
wo die Europöischen Schwestersprachen ihm den Rang ab-
laufen u. s. w.«

Für die eine Stammsprache nun, aus der die Einzel-
sprachen herstammen, hat Bopp keine feste Bezeichnung.
Er spricht von der einen Stammsprache, der Periode der
Spracheinheit, von der Urperiode der Sprache, der uralten Bil-
dungsperiode u. s. w. Die eine nicht mehr existierende Stammsprache dachte sich Bopp im Wesentlichen wie eine der
Schwestersprachen. Namentlich verdient hervorgehoben zu
werden, dass er für dieselbe nicht etwa Unveränderlichkeit in
Anspruch nahm. Vielmehr nimmt er an, »dass zur Zeit der
Identität der jetzt geschiedenen Sprachen schon manche Zer-
rüttungen in dem Organismus jener einen Stammsprache
stattgefunden hatten« (§ 673). So nimmt er z. B. an, dass in
urältester Zeit die Feminina auf *ā* im Nominativ -*s* gehabt,
dasselbe aber schon in der Periode der Sprach-Einheit verloren haben. Über die Wohnsitze des Volkes, welches diese
Grundsprache geredet hat, finde ich bei Bopp keine Vermuthung ausgesprochen, wie ihm denn überhaupt der kultur-
geschichtliche Gesichtspunkt fern liegt (welcher wohl zuerst
von Kuhn im Osterprogramm des Berliner Realgymnasiums
1845 [vgl. Weber, Indische Studien I, 323] betont worden ist).

Aus der »Urheimat« haben sich die einzelnen Sprachen
losgelöst durch »Individualisierung«. Auch der Ausdruck
»Sprachtrennung« kommt vor (§ 493). Über die nähere oder
fernere Verwandtschaft d. h. über die Reihenfolge derselben
in der Absonderung von einander hatte Bopp folgende Meinung: Nah zusammen gehören in Asien das Indische und
Medopersische, in Europa das Griechische und Lateinische.
Hinsichtlich der Stellung des Slavischen hat sich Bopp's
Meinung im Laufe der Zeit geändert. Zuerst (Vgl. Gr. ¹,
S. 760) betrachtete er das Litthauische, Slavische und Germa-
nische gleichsam als »Drillinge«, später (Über die Sprache der
alten Preussen, Abh. der Berl. Akad. 1853, S. 80) formulierte
er seine Ansicht so: »Die Absonderung der lettisch-slavischen
Idiome von der asiatischen Schwestersprache, man mag sie
Sanskrit nennen oder ganz unbenannt lassen, ist später ein-
getreten als die der klassischen, germanischen und keltischen
Sprachen, aber doch noch vor der Spaltung des asiatischen
Theils unseres Sprachgebiets in den medopersischen und den

indischen Zweig.« Eine specielle Verwandtschaft der Kelten-
und Römersprache nahm er nicht an.

Der erste, welcher ein förmliches System der Verzweigung
der indogermanischen Sprachen (unter dem Bilde eines Stamm-
baumes) aufstellte, war S ch l e i ch e r. Er stimmte mit B o p p
überein in der (übrigens unabweisbaren) Annahme einer
näheren Verwandtschaft des indischen und iranischen Sprach-
zweiges, und des Italischen mit dem Griechischen, wich aber
namentlich ab in Bezug auf die Stellung des Litu-Slavischen.
Er suchte nämlich nachzuweisen, dass die Ähnlichkeiten in
der Lautgestaltung, welche zwischen den asiatischen Sprachen
und dem Litu-Slavischen zweifelsohne vorhanden sind, nicht
aus der Urzeit stammen, sondern in jeder Gruppe besonders
entstanden seien. Er nimmt also z. B. an, dass das Zahlwort
für hundert in der Grundsprache *kantam* lautete, und sich
daraus nach der Trennung des Urvolkes in zwei Völker im
asiatischen Theile *çatam* und völlig davon getrennt im Slavi-
vischen *sŭto* entwickelte, so dass also die Ähnlichkeit von *ç*
und *s* in diesem Worte, in welchem Griechisch und Lateinisch
das alte *k* bewahrt haben, nicht zu einem genealogischen
Schlusse verwerthet werden könnte (vgl. Beiträge 1, 107). So
trennt er denn das Litu-Slavische völlig von dem asiatischen
Theile ab, und stellt es mit J a c o b G r i m m zu dem Germanischen. Den Hauptbeweis für die nahe Verwandtschaft dieser
Sprachen bildet ihre Übereinstimmung im dat. plur., in welchem sie *m* zeigen, während die übrigen Sprachen *bh* haben,
(z. B. slav. *vlŭkomŭ* und got. *vulfam*, aber skrt. *vṛkébhjas*).
Da S ch l e i ch e r ferner das Keltische zum Italischen stellt
(Beitr. 1, 437), so ergeben sich ihm folgende drei Gruppen:
1) die asiatische, 2) die slavodeutsche, 3) die gräcoitalokeltische.
Das historische Verhältniss derselben bestimmte er nach der
Treue, mit der jede der drei Gruppen (seinem Eindruck nach)
den Typus der Ursprache erhalten hat. Diese Treue erschien
ihm bei dem Slavodeutschen am geringsten, also nahm er an,
dass dieser Theil zuerst aus dem Urvolk ausgeschieden sei,
dann die Gräcoitalokelten, so dass als Rest die Asiaten übrig
bleiben.

Indessen diese chronologische Anordnung beruht augenscheinlich auf einem sehr anfechtbaren Räsonnement. Die
weiter gehende Entartung des Slavodeutschen (wenn sie anders als bewiesen angesehen werden kann) kann ja einfach

darauf beruhen, dass das Slavodeutsche sich schneller entwickelt hat, als seine Schwestersprachen. Schleicher's
Begründung reicht also nicht aus, um das Slavodeutsche von
der grossen europäischen Masse, zu der es geographisch gehört, zu trennen. Dass es auch in sprachlicher Rücksicht dahin gehöre, führte Lottner aus in Kuhn's Zeitschrift 7, 18 ff.
Er statuiert zwei grosse Gruppen, die asiatische und die europäische, welche letztere sich besonders durch gemeinsames *l*
gegenüber dem asiatischen *r* auszeichne (z. B. πολύ *filu* gegenüber skrt. *purú*). Ein weiteres Kennzeichen fügte G. Curtius
hinzu, nämlich das an vielen Stellen gleichmässig erschei-
nende *e* gegenüber dem asiatischen *a* (z. B. φέρω *fero*, got.
baira d. i. *bĕra* gegenüber *bhárāmi*). So schien denn die Annahme sehr wahrscheinlich, dass die Indogermanen, welche
als sie noch zusammen waren eine einheitliche Sprache rede-
ten, sich zunächst in Europäer einerseits und Asiaten andererseits gespalten haben, und dass dann in beiden Gruppen nach
der Trennung sich gewisse Eigenthümlichkeiten entwickelten,
wie z. B. das *e* in Europa, welche weiterhin sämmtlichen
Unterabtheilungen der Hauptgruppe anhafteten. Solcher
Unterabtheilungen schienen sich in Europa zunächst zwei zu
ergeben, die nördliche und die südliche, von denen die erstere
sich dann wieder in Slavisch und Germanisch, die südliche in
Griechisch, Italisch und Keltisch spaltete.

    Am wenigsten leicht wollte sich das Griechische fügen.
Einige Gelehrte nahmen an, dass aus der südeuropäischen
Masse sich zuerst das Keltische losgelöst habe, und dann
Griechisch und Italisch noch zusammengeblieben seien, andere
(wie Schleicher) entschieden sich für engere Gemeinschaft des
Italischen und Keltischen, andere endlich trennten das Griechische gänzlich von Europa und wiesen es nach Asien. So
urtheilt Grassmann (Kuhn's Zeitschrift 12, 119) welcher
mit grosser Sicherheit von den vielen Erscheinungsformen
redet, »in welchen die weitreichende Harmonie zwischen grie-
chischem und arischem (vorbrahmanischem) Wesen in Sprache,
Poesie, Mythus und Leben uns entgegentritt, und Zeugniss
ablegt von der mächtigen Geistesentwickelung, welche das
griechisch-arische Stammvolk nach der Abscheidung der
übrigen Völkerstämme durchmachte«. Derselben Meinung
ist auch Sonne in einem wie es scheint jetzt vergessenen [1])

---

[1]) Gelegentlich führe ich aus diesem Programm folgenden Satz an:
»Wenn nun aber im Sanskrit das Verb des Hauptsatzes sich jeder voraus-

Programm: Zur ethnologischen Stellung der Griechen, Wismar 1869. Allen diesen Hypothesen nun, insofern sie mit dem Gedanken der Völker- oder Sprach-Trennung operieren, trat Johannes Schmidt in einem Aufsatz über die Verwandtschaftsverhältnisse der indogermanischen Sprachen (Weimar 1872) entgegen. Johannes Schmidt knüpft an denselben Punkt an, von dem aus Schleicher's Opposition gegen Bopp ausging, nämlich an das Verhältniss des Litu-Slavischen zum Asiatischen, giebt aber Bopp im Wesentlichen Recht. In der That ist es doch höchst auffällig, dass aus dem k von *kantam* in beiden Gruppen ein Zischlaut (oder doch etwas dem Ähnliches) wird, während z. B. das k von *ka* »wer« in beiden Gruppen bleibt. Sollte diese auffällige Gleichheit nicht aus gemeinsamer Entwickelung erklärt werden müssen, und ist es nicht unerlaubt, wie Schleicher thut, dabei an historischen Zufall zu denken? Ist aber Bopp's Ansicht richtig, so giebt es gar keine Spaltung zwischen Asien und Europa, sondern nur »kontinuierliche Vermittelung«. Und denselben Zustand findet Schmidt auch in Europa. Er erkennt an, dass Griechisch, Italisch und Keltisch nahe zusammengehören, aber eine historisch abgesonderte Gruppe bilden sie nicht, denn wie das Italische zwischen dem Griechischen und Keltischen vermittelt, so vermittelt auf der anderen Seite wieder das Keltische zwischen Italisch und Deutsch, sodann ferner das Deutsche zwischen Keltisch und Slavisch u. s. f. Wir können uns also die indogermanischen Sprachen als eine grosse Kette aus verschiedenen Ringen vorstellen, welche in sich geschlossen ist, und mithin weder Anfang noch Ende hat. Machen wir willkürlich einen Anfang beim Indisch-Iranischen so folgt als nächster Ring das Litu-Slavische, dann das Germanische, das Keltische, das Italische, bis sich endlich das Griechische wieder an das Indisch-Iranische anfügt. Das Armenische, welches erst in den letzten Jahren genauer behandelt worden ist, würde sich zwischen Indisch-Iranisch und Griechisch einfügen.

Wie man sieht, stimmt diese Übergangs- oder Wellentheorie (wie sie ihr Urheber nennt, weil die fortschreitende Bewegung innerhalb der Sprache mit der Wellenbewegung

---

gehenden Objectivbestimmung tonlos incliniert, so glauben wir in dieser unsern europäischen Begriffen so sehr widersprechenden Erscheinung einen Rest proethnischer Betonung erkennen zu dürfen« (S. 3).

verglichen werden kann) mit der Spaltungstheorie darin überein, dass sie, wie diese, die zwischen den einzelnen indogermanischen Sprachen vorhandenen Übereinstimmungen (deren einige angeführt worden sind) überhaupt für beweiskräftig hält, unterscheidet sich aber durch die Annahme eines continuierlichen Übergangs, welcher an die Stelle der Spaltungstheorie gesetzt wird. Wir haben also zunächst diese Annahme zu prüfen. Ich bin der Meinung, dass die Übergangstheorie, wenn man ihr den Sinn beilegt, dass zwischen allen indogermanischen Sprachen, wie sie historisch überliefert sind, eine continuierliche Vermittelung stattfinde, nicht zu halten ist. Gegen sie spricht die Thatsache, dass die einzelnen Sprachen abgeschlossene, von den übrigen getrennte Einheiten bilden. Wir können zwar in Betreff einzelner Dialekte, z. B. innerhalb des Germanischen zweifelhaft sein, zu welcher Gruppe von Dialekten wir sie zu stellen haben, aber mit den einzelnen Hauptsprachen, z. B. dem Germanischen im Verhältniss zum Slavischen steht es anders. Es giebt keine Sprachmasse, in Bezug auf welche man zweifelhaft sein könnte, ob sie slavisch oder germanisch sei, vielmehr sind zwischen Germanisch und Slavisch, ebenso wie zwischen den anderen Hauptsprachen feste Grenzen vorhanden. Wir werden also zu der Annahme veranlasst, dass einst das Germanische, als es noch von weniger Menschen gesprochen wurde, ein zusammenhängendes Verkehrsgebiet bildete, innerhalb dessen sich erst im Laufe der Zeit die einzelnen germanischen Dialekte entwickelten. Ebenso steht es mit den anderen Sprachen. Und selbst, wenn man annehmen wollte, was mir trotz des darauf verwendeten Scharfsinnes nicht nachweisbar scheint, dass die einander nahe liegenden Striche zweier an einander stossender Sprachen wie Slavisch und Germanisch, einander näher stünden als die entfernteren, so würde damit immer nur gezeigt sein, dass einzelne Eigenthümlichkeiten der ehemaligen Grenzzone mit in die beiden abgesonderten Gebiete herübergenommen seien und die Lagerung der Theile jedes Gebietes keine grossen Verschiebungen erlitten habe, — die Annahme, dass die einzelnen indogermanischen Sprachen seit langer Zeit durch Verkehrsgrenzen von einander getrennt sind, bliebe dennoch bestehen. Man würde also die Übergangshypothese jedenfalls dahin zu verstehen haben, dass man sagt, in uralter Zeit hätten zwar die Sprachen in der von Schmidt beschriebenen Weise ein zusammenhängendes Ganzes ausgemacht, dann aber hätten sich zwischen ihnen

Verkehrsgrenzen gebildet, und damit habe ihr Sonderleben
begonnen, und sich in reicher Geschichte weiter entwickelt.
Diese Modification der Schmidt'schen Hypothese, die sich
augenscheinlich durch ihre allgemeine historische Wahrscheinlichkeit empfiehlt, rührt her von Leskien Die Declination
im Slavisch-Litauischen und Germanischen (Leipzig 1876).
Somit würde sich ergeben, dass die Übergangs- und die Spal-
tungshypothese sich nicht unbedingt ausschliessen, sondern
sich bis zu einem gewissen Grade mit einander vertragen
könnten.

Leider ist nun aber vom Standpunkte der neueren Untersuchungen aus ein Einwand zu formulieren, der sich sowohl
gegen die Spaltungs-, wie gegen die Übergangshypothese
richtet. Es hat sich nämlich durch die Untersuchungen der
letzten Jahre herausgestellt, dass die Momente, aus denen auf
die nähere Verwandtschaft einzelner Sprachen geschlossen zu
werden pflegte, nicht so beweiskräftig sind als man bis dahin
annahm.

Im Allgemeinen ist es klar, dass nicht jede Gleichheit
zwischen zwei Sprachen als Argument für eine Urgemeinschaft
betrachtet werden kann. Wenn z. B. einige Sprachen das
Augment verloren haben, welches andere noch besitzen, so
folgt daraus natürlich nicht, dass dieser Verlust auch in einer
Periode der Gemeinschaft eingetreten sein muss. Auch wird
man zugeben, dass Gleichheit im Wortschatz (wenn sie nicht
in überwältigend grosser Menge hervortritt) nicht zum Beweise
für Urgemeinschaft gebraucht werden kann, weil immer die
Möglichkeit offen gehalten werden muss, dass ein Wort, welches wir nur in einigen Sprachen finden, in den anderen auch
vorhanden gewesen, uns aber durch die »Unbill der Zeiten«
entzogen worden ist. Durch diese Erwägungen schrumpft das
Material sehr zusammen und es bleiben streng genommen nur
gemeinsam vollzogene Neuerungen als beweiskräftig
übrig. Als solche betrachtete man bis vor Kurzem die gleich-
artige Spaltung des einheitlichen indogermanischen k in k und
s (sz) im Asiatischen und Litu-Slavischen, das e im Europäischen, das r im Mediopassivum des Italischen und Keltischen,
das m im lituslavischen und germanischen Dativ pl. Aber in
neuester Zeit ist für diese Thatsachen eine andere Erklärung
aufgekommen. Man nimmt (wie schon bemerkt worden ist)
jetzt vielfach an, dass in ihnen gar nicht Neuerungen der
Einzelsprache vorliegen, sondern verlegt die Mannigfaltigkeit

in die Grundsprache. Den Reigen eröffnete F i c k mit seiner
Schrift, über die Spracheinheit der Indogermanen Europa's
(Göttingen 1873), in welcher er im Anschluss an A s c o l i
nachwies, dass die zwei der bisherigen Annahme nach aus *k*
entstandenen Laute des Asiatischen und Lituslavischen vielmehr die regelrechten Fortsetzer zweier indogermanischer *k*
seien (s. oben S. 52), darauf folgte die ebenfalls schon oben
erwähnte sehr wahrscheinliche Theorie, wonach das *e* schon
der Grundsprache angehört, das *r* ferner des Mediopassivs im
Italischen und Keltischen findet möglicher Weise eine An-
knüpfung an dem *r* des Indischen *re rate* u. s. w. (vgl. W i n -
d i s c h, Beiträge von K u h n und S c h l e i c h e r 8, 465 Anm.),
und das *m* des Slavischen und Deutschen gehört vielleicht ursprünglich einem andern als dem *bh*-Suffix an.

Wenn nun diese ganze Anschauungsweise begründet ist
(was ich annehme), so lässt sich natürlich aus solchen bis in
die Grundsprache zurückreichenden Verschiedenheiten nichts
über die successive Spaltung der indogermanischen Sprachen
schliessen, und man muss sich allen bisher unternommenen
Gruppierungen gegenüber (mit alleiniger Ausnahme der asiatischen Gruppe, welche schon durch die gemeinsame Verwand-
lung des alten *e* in *a* zusammengehalten wird) skeptisch verhalten.

In der That halte ich diesen Standpunkt bei dem jetzigen
Stande der Forschung für den richtigen, und glaube also über
die ganze Frage des Verhältnisses der einzelnen indogermanischen Sprachen zu einander nicht mehr als das Folgende aussagen zu können.

Es ist sehr wahrscheinlich, dass die Grundsprache nicht,
wie man früher anzunehmen geneigt war, eine völlig einheitliche gewesen ist. Denn wenn wir Recht haben, anzunehmen,
dass dieselbe eine Entwickelung von Jahrtausenden durch-
gemacht hat, so muss das Urvolk zur Zeit der völlig ausgebildeten
Flexion zahlreich gewesen sein, es werden also gewiss innerhalb desselben Verschiedenheiten im Sprechen sich herauszu-
bilden begonnen haben, in der Weise wie es oben (S. 52 u. 59) im
Allgemeinen beschrieben worden ist Diese Verschiedenheiten
sind die Keime einiger der Verschiedenheiten, die wir bei den
indogermanischen Sprachen wahrnehmen. Andere sind hin-
zugekommen, nachdem die Grundsprache sich in verschiedene
Einzelsprachen gespalten hatte. Es ist möglich, dass die Vorfahren der späteren Griechen, Italiker, Kelten u. s. w. einst

so neben einander gelagert waren, wie wir nach Ausweis der jetzigen geographischen Lage vermuthen, aber es ist auch möglich, dass grosse Verschiebungen der Völker eingetreten sind, welche ihre ehemalige Lagerung verdunkeln. Wir werden uns also einstweilen mit der Erkenntniss einer gründlichen Urgemeinschaft der indogermanischen Sprachen begnügen, von einer Eintheilung derselben in Gruppen (mit Ausnahme der indisch-iranischen) aber absehen müssen.

Das gilt namentlich auch gegenüber der so oft angenommenen gräcoitalischen Einheit. Man kann nicht mit Sicherheit behaupten, dass sie nicht vorhanden gewesen sei, aber auch ebenso wenig, dass sie nachweisbar ist. Von den für dieselbe angeführten Gründen [1] (Schmidt S. 19) können bei der jetzigen Lage der Forschung nur noch in Betracht kommen: die Thatsache dass es nur im Griechischen und Lateinischen Feminina nach der zweiten Declination giebt, und die Übereinstimmung in der Accentuierung. Indessen, wenn es richtig ist, was ich Synt. Forsch. 4, 6 ff. zu erweisen gesucht habe, dass die Masculina auf -τα nach der ersten Declination erst im Sonderleben des Griechischen aus fem. zu masc. verschoben sind, so kann das Analoge auch für jene Wörter vermuthet werden, und was die Accentgesetze betrifft, so ist doch die Frage, ob man nicht im Italischen Reste einer älteren Betonungsweise zu statuieren hat, so dass also das Dreisilbengesetz nicht in einer voritalischen Zeit hat zur Herrschaft gelangen können. Jedenfalls kann man nicht auf eine disputable Annahme eine Hypothese von solcher Bedeutung wie die einer gräcoitalischen Urgemeinschaft begründen.

Ob es nun der Zukunft gelingen wird, zu bestimmteren Resultaten zu gelangen, bleibt abzuwarten. Bis auf Weiteres werden die Historiker gut thun, von der Verwerthung solcher Sprach- und Volksgruppen, wie die gräcoitalokeltische, die slavodeutsche u. s. w. abzusehen.

---

[1] Die Wörtervergleichungen Mommsen's hat Schmidt mit Recht gar nicht mit angeführt, da sie nichts beweisen. Denn ein Theil der betreffenden Wörter findet sich (wie ja auch Mommsen selbst in den späteren Auflagen seiner römischen Geschichte anerkennt) auch in anderen Sprachen, und die anderen (wie *milium rapa vinum*) sind möglicher oder wahrscheinlicher Weise Lehnwörter.

Literatur-Angaben.[1])

Ascoli, G. J., Kritische Studien zur Sprachwissenschaft. Autorisirte Übersetzung von Reinhold Merzdorf, zu Ende geführt von Bernhard Mangold, Weimar 1878.

Benfey, Th., Orient und Occident insbesondere in ihren gegenseitigen Beziehungen. Forschungen und Mittheilungen. Eine Vierteljahrsschrift, herausgegeben von Theodor Benfey. Göttingen 1862—1865.

Bernhardi, A. F., Anfangsgründe der Sprachwissenschaft. Berlin bei H. Fröhlich 1805.

Bezzenberger, Beiträge zur Kunde der indogermanischen Sprachen. Göttingen 1877 u. ff.

Brugman (zu S. 59), Nasalis sonans in der indogermanischen Grundsprache, in Curtius Studien 9, 287 ff.

—— (zu S. 92) in: Sprachwissenschaftliche Abhandlungen, hervorgegangen aus Georg Curtius grammatischer Gesellschaft zu Leipzig. Leipzig bei Hirzel 1879.

Curtius (zu S. 58), Über die Spaltung des a-Lautes im Griechischen und Lateinischen mit Vergleichung der übrigen europäischen Glieder des indogermanischen Sprachstammes, in den Berichten der Kgl. sächs. Ges. der Wiss. 1864 S. 9—42.

Fick, Vergleichendes Wörterbuch der indogermanischen Sprachen, sprachgeschichtlich angeordnet von August Fick. Dritte umgearbeitete Auflage, Göttingen 1874.

K. Z. = Zeitschrift für vergleichende Sprachforschung, hrsg. von Theod. Aufrecht und Adalbert Kuhn. Berlin 1852 u. ff.

Kuhn und Schleicher, Beiträge = Beiträge zur vergleichenden Sprachforschung auf dem Gebiete der arischen, celtischen und slawischen Sprachen, herausg. von A. Kuhn und A. Schleicher. Berlin 1858 u. s. w.

Osthoff (zu S. 59), Zur Frage des Ursprungs der germanischen n-Declination, in Paul und Braune's Beiträgen III, 1 ff.

Paul und Braune, Beiträge zur Geschichte der deutschen Sprache und Literatur. Halle 1874 u. ff.

Friedrich Schlegel, Über die Sprache und Weisheit der Indier, ein Beitrag zur Begründung der Alterthumskunde. Heidelberg 1808.

Scherer, Zur Geschichte der deutschen Sprache. |Berlin 1868. Zweite Auflage, Berlin 1878.

Whitney, Die Sprachwissenschaft. = W. D. Whitney's Vorlesungen über die Principien der vergleichenden Sprachforschung für das deutsche Publicum bearbeitet und erweitert von Dr. Julius Jolly. München 1874.

---

1) Hier werden diejenigen Schriften namhaft gemacht, welche in dem vorliegenden Buche nicht genau genug oder doch nicht an jeder Stelle genau genug citiert werden.

Index.

Berichtigungen und Nachträge.

Im Allgemeinen ist das altindische Jot durch *j*, die palatale Media durch *ǵ* wiedergegeben, doch habe ich auf den ersten Bogen aus Versehen die Transscription *y* und *j* stehen lassen.

Zu S. 95 : das Futurum unterliegt im Wesentlichen derselben Beurtheilung wie der S-Aorist.

Zu S. 109 (Mitte): »Ob das Gleiche sich an Wortstämmen beobachten lässt« u. s. w. füge hinzu: Carolina Michaelis (Studien zur romanischen Wortschöpfung S. 35) nimmt eine solche Einwirkung für das italienische *greve* an, das sein *e* dem Einfluss des *e* von *leve* verdanken soll.

S. 65 (Mitte) lies Personalsuffixe statt Nominalsuffixe.

S. VI, Z. 11 lies sechsten statt letzten.

www.ingramcontent.com/pod-product-compliance
Ingram Content Group UK Ltd.
Pitfield, Milton Keynes, MK11 3LW, UK
UKHW042152280225
455719UK00001B/283

9 781108 047098